Stefan Meiners
Von Neurodiversen und Normalos
Ein Leben mit Asperger & ADHS

AF279981

Wenn wir bedenken,
dass wir alle verrückt sind,
ist das Leben erklärt.
Mark Twain

FSC
www.fsc.org
MIX
Papier aus ver-
antwortungsvollen
Quellen
Paper from
responsible sources
FSC® C105338

Von Neurodiversen und Normalos

Ein Leben mit Asperger & ADHS

Impressum

Bibliografische Information der Deutschen Nationalbibliothek:
Die Deutsche Nationalbibliothek verzeichnet diese Publikation
in der Deutschen Nationalbibliografie; detaillierte bibliografische Daten sind im Internet über http://dnb.dnb.de abrufbar.

Die automatisierte Analyse des Werkes, um daraus Informationen insbesondere über Muster, Trends und Korrelationen ge-
mäß §44b UrhG („Text und Data Mining") zu gewinnen, ist un-
tersagt.

© 2025 Stefan Meiners

Umschlaggestaltung und Verlag: BoD · Books on Demand
GmbH, In de Tarpen 42, 22848 Norderstedt, bod@bod.de

Druck: Libri Plureos GmbH, Friedensallee 273, 22763 Hamburg

ISBN 978-3-7693-6657-0

INHALT

II

IV

Vorwort

Bücher schreiben.

Eigentlich wollte ich schon immer Bücher schreiben. Ich schreibe gerne und ich mag es, erstmalig zu lesen, was ich geschrieben habe. Das klingt jetzt erst einmal komisch, aber zu mir passt der Satz:

„Wie soll ich wissen, was ich denke, bevor ich lese, was ich denke?"

Tatsächlich ist schreiben für mich ein unbewusster Prozess. Während ich diese Worte hier schreibe, weiß ich nicht, dass ich sie schreiben werde. Ich werde sie hinterher lesen und gut oder schlecht finden, korrigieren oder feiern. Für jemanden, der nicht so ist wie ich, ist das schwer nachvollziehbar.

Es bringt mich aber zu einem Problem:

Bücher schreiben Menschen, die etwas zu erzählen haben: über sich, über andere oder über Dinge, die sie sich ausdenken.

Letzteres scheidet aus. Auch wenn ich bei jedem neuen Buch von Stephen King denke, dass ich nur zu gern einmal ein Buch schreiben können möchte wie er, ist meine Fantasie zu stark begrenzt. Ich kann mir keine Geschichten, vielleicht von Kurzgeschichten abgesehen, ausdenken.

Also ist die Frage, ob ich etwas über andere erzählen könnte. Und oh ja, das könnte ich. Mache ich manchmal auch, aber auch das ist kein Buch. Das ist eher etwas, dass ich auf meinem Blog unter „blog.unkreativ.net" veröffentliche.

Und über mich?

Meine Annahme war: Ich bin niemand, über den zu schreiben sich lohnt. Im Grunde bin ich ein durchschnittlicher Typ mit einem durchschnittlichen Leben. Um genau zu sein, ich bin Beamter. Verwaltungsbeamter.

Gut, ich bin ein Mensch mit Autismus[1] und ADHS. Aber das ist bei Millionen so. Auch hier gibt es so weit nichts neues.

Zumindest dachte ich das. Bis ich in einem YouTube-Video zufällig auf das Buch „Secrets of the Autistic Millionaire" von David William Plummer aufmerksam wurde. In einem Video des Autors, der auf YT normalerweise nur über IT-Themen berichtet. Keine Ahnung warum, ich habe das Buch jedenfalls sofort gekauft.

Und damit fing die ganze Misere an: Schon auf den ersten Seiten fing ich an, mir Notizen zu machen. Und zu denken: „Das ist ja genau wie bei mir!" Oder auch „Ne, das ist doch genau das Gegenteil". Auf jeden Fall habe ich selten ein Buch so schnell, so intensiv gelesen und gleichzeitig mit Notizen begleitet.

Und daraus ist die Frage entstanden: Habe ich nicht vielleicht doch etwas zu erzählen? Denn im Grunde bin ich

---

[1] Ich bin Autist mit der Ausprägung „Asperger-Syndrom". In diesem Buch wird der Begriff des Autisten oder des Autismus auch ausschließlich im Kontext des Asperger verwendet und steht als Synonym. Als Spektrumsstörung gibt es unzählige Varianten von Autismus, hier geht es nur um diese eine sehr spezielle. Äußerungen zum Autismus und Autisten beziehen sich daher ausschließlich auf Menschen mit Asperger.

ein Musterbeispiel dafür, was alles schieflaufen kann, wenn bei einem Kind Autismus und ADHS kombiniert auftreten und das nicht frühzeitig erkannt wird. Zugleich bin ich aber auch ein Beispiel dafür, dass das nicht zwangsläufig durchgehend negativ das Leben beeinflusst. Denn umso mehr ich darüber nachdenke, umso mehr merke ich, dass ich nicht nur ein sehr privilegiertes, sondern ein richtiggehend gutes Leben habe. Und das vermutlich nicht trotz, sondern wegen meiner besonderen Verdrahtung im Kopf!

Dieses Leben, das ich führe, ist aber auch auf seine eigene Art ein nie endender Lernprozess mit sehr vielen, sehr schmerzhaften Episoden. Weil für mich nichts ist, wie für andere.

In diesem Buch werde ich großzügig auf das Buch von Plummer referenzieren und immer wieder Themen aufgreifen, die er auch bespricht. Sei es durch Zitate aus seinem Buch oder Verweise auf Textstellen.

Aber das hier wird keine deutsche Kopie des Ursprungs, weil eben auch viele Unterschiede zwischen ihm und mir bestehen. Vielleicht ist das etwas, was Asperger-Autismus auch gerade so spannend macht: Es gibt wohl keine zwei betroffenen Menschen, die sich richtig gleich sind. Ähnlich ja, aber dann doch grundverschieden.

Die Seitenzahlen, die ich gelegentlich in die Fußnoten einbaue, beziehen sich dementsprechend auch auf

„Secrets of the Autistic Millionaire" in der ersten Auflage als Taschenbuch aus Oktober 2021.[2]

Und da Menschen mit Asperger auch gerne mal den Hang zum Übererklären haben, werde ich natürlich auch Fußnoten setzen, um das eine oder andere weiter auszuführen, als es für diesen Text eigentlich notwendig wäre.

Allerdings wird das hier kein wissenschaftlicher Aufsatz. Von daher mag es sein, dass Fachleute, die es mal lesen, über Unschärfen stolpern oder gar sagen, dass ich Dinge falsch bezeichne oder nicht wissenschaftlich korrekt beschreibe. Das sei mir nachgesehen und ist der Tatsache geschuldet, dass ich ein möglichst ehrliches Buch schreiben möchte. Nennen wir es „populärwissenschaftlich".

Was ich nicht leisten kann, ist zu unterscheiden, was von dem, was ich erzähle, eher dem Autismus zuzuschreiben ist, und was dem ADHS. Ich glaube, dass die Grenzen da eher verschwimmen und dass es letztlich auch egal ist, weil es mich nicht mit dem einen oder dem anderen gibt, sondern nur mit beidem zusammen.

Eingangs schrieb ich, dass Schreiben für mich ein unbewusster Prozess ist. Insofern freue ich mich schon, dieses Buch zum ersten Mal zu lesen und hoffe, es gefällt mir.

Und Euch.

---

[2] ISBN 9798498617725

Eine wichtige Einschränkung

Bevor wir richtig ins Rollen kommen, möchte ich eine Einschränkung machen. Autismus ist eine sogenannte Spektrumsstörung. Also gekennzeichnet dadurch, dass es zahlreiche, sehr unterschiedliche Symptome und Ausprägungen gibt.

Innerhalb des Spektrums gibt es eine Untergruppe, das sind Menschen mit dem Asperger-Syndrom. Dazu gehöre ich. Wikipedia[3] schreibt dazu:

> Das **Asperger-Syndrom** (abgekürzt *AS*, auch **Asperger-Autismus** oder **Asperger-Störung** sowie veraltet *Autistische Psychopathie* oder *Schizoide Störung des Kindesalters*) ist eine nach dem Kinderarzt Hans Asperger benannte Variante des Autismus. Merkmale des Asperger-Syndroms sind Schwierigkeiten in der sozialen Interaktion und Kommunikation sowie ein eingeschränktes, stereotypes, sich wiederholendes Repertoire von Interessen und Aktivitäten. Ebenfalls auffällig häufig sind Abweichungen bei der Wahrnehmung und Reizverarbeitung (dazu gehören unter anderem sensorische Über- und/oder Unterempfindlichkeiten sowie Schwierigkeiten bei der Reizfilterung). Beeinträchtigt ist häufig die Fähigkeit, nonverbale Kommunikations-formen (Gestik, Mimik, Blickkontakt) bei anderen Personen zu erkennen, diese auszuwerten (zu mentalisieren) oder sie selbst

---

[3] https://de.wikipedia.org/wiki/Asperger-Syndrom

auszusenden. Das Kontakt- und Kommunikationsverhalten von Personen mit Asperger-Autismus kann dadurch merkwürdig und ungeschickt erscheinen. Da ihre Intelligenz in den meisten Fällen normal ausgeprägt ist, werden sie von ihrer Umwelt leicht als wunderlich wahrgenommen.

Dazu bin ich das, was man „hochfunktional" nennt. Ich bin also im Wesentlichen in der Lage in der Gesellschaft zu funktionieren, auch wenn das nicht immer reibungslos läuft.

In meinem Fall ist es so, dass ich überdurchschnittlich intelligent bin, vor allem aber in den Gebieten, die ich meine Inselbegabungen nenne. Etwas, das bei Aspergern oft vorkommt. Bei mir sind das vor allem Bereiche, die streng logisch sind, weswegen ich Computer liebe. Ich bin dagegen massiv eingeschränkt im emotionalen und sozialen Kontext, weil ich zum Beispiel Gefühle nicht verstehe und auch in den Gesichtern der Menschen nicht lesen kann.

Ob Ihr mich mögt oder hasst, erkenne ich nur, wenn Ihr ein Schild hochhaltet, auf dem das in großen Buchstaben steht. Vergesst die Idee, mir das „zwischen den Zeilen" zu vermitteln. Zwischen den Zeilen steht bei mir nichts.

Dazu habe ich Probleme mich richtig auszudrücken, wobei unklar ist, ob ich nicht in der Lage bin, die richtigen Worte zu finden, oder ob Eure Art zu denken es Euch schwer macht, mich zu verstehen.

Ich kann, will und werde in diesem Buch daher auch nur über die Dinge schreiben, die ich aus erster Hand kenne. Also über mich und wie sich das bei mir bemerkbar macht. Dieses Buch befasst sich also mit einem hoch funktionalen Autisten mit Asperger-Syndrom: mir.

In der Folge sollte und darf nichts von dem, was auf den folgenden Seiten stehen wird, als allgemeinverbindlich betrachtet werden. Wenn ich eines gelernt habe, dann dass zwei Menschen niemals gleich sind, und das gilt für Menschen mit Autismus umso mehr.

Dieses Buch kann und soll aber helfen, einen Einblick in eine Welt zu bekommen, die den meisten Menschen verborgen ist. Aber die zugleich die Welt von mehr Menschen ist, als man gemeinhin annehmen würde.

Insofern würde es mich auch freuen, wenn ich von Menschen, die dieses Buch lesen, Feedback bekomme. Wenn Ihr selbst Menschen mit Autismus seid, würde mich interessieren, ob Ihr Euch bei dem, was ich schreibe, wieder findet oder ob es für Euch und bei Euch komplett anders ist.

Wenn Ihr nicht selbst betroffen seid und mich kennt, würde mich interessieren, ob Euch das Buch hilft, mich zu verstehen.

Und wenn Ihr nicht betroffen seid und mich nicht kennt, wäre es spannend zu erfahren, ob Euch das Buch hilft, den einen oder anderen Menschen in Eurer Umgebung anders wahrzunehmen oder vielleicht zu verstehen.

Auf jeden Fall möchte ich aber mit diesem Buch erreichen, dass wir versuchen, ein klein wenig toleranter zu sein. Vor allem den Menschen gegenüber von denen wir sagen, sie sind komisch. Irgendwie anders.

Denn jeder Mensch ist anders. Und anders sein ist letztlich das, was uns ausmacht.

Über mich

Vielleicht ist es sinnvoll, mich vor dem eigentlichen Buch kurz vorzustellen: Hallo, ich bin Stefan.

Geboren Ende der 70er Jahre als uneheliches Kind und aufgewachsen in schwierigen Verhältnissen, war ich schon immer der, der anders war.

Ich pendelte in meinem Leben zwischen hoch intelligent und strohdoof, zwischen todesschüchtern und „Frauenheld", zwischen zwei Wohnorten und finanziellen Situationen.

Ich war ein totaler Versager in der Schule und habe zwei sehr gute Hochschulabschlüsse. Ich bin unsportlich und liebe es, mehrere hundert KM am Stück auf meinem Rennrad zu fahren oder mit dem Mountainbike Berge herabzurasen, die ich vorher hochgeklettert bin.

Ich bin Autist.

Hochfunktional, wie man sagt.

Und Asperger, wie man nicht mehr sagt.

Ich habe ein „fotografisches Gedächtnis", dass allerdings nur bestimmte Dinge speichert und für immer archiviert, während es anderes sehr erfolgreich Sekunden nach Kenntnisnahme vergisst.

Mein Leben besteht aus Regeln, die ich in einem Regelheft in meinem Kopf gespeichert habe. „Lustig" wird es immer dann, wenn ich in einer Situation bin, für die ich keine Regel habe oder in einer, in der ich die falsche Regel anwende.

Neben der Tatsache, dass ich von Autismus betroffen bin, wurde auch noch ADHS diagnostiziert. Oder wie mein Psychologe sagt: „Viel AD und wenig HS".

Das macht es mir sehr schwer, „normal" zu leben und arbeiten, so wie andere Menschen es machen.

Ich konzertiere mich wahnsinnig gerne auf Detailfragen und sehe oft das Große und Ganze nicht. Mich zu konzentrieren, fällt mir unheimlich schwer, wenn es nicht um ein Thema geht, das mein Asperger-Hirn gerade für besonders spannend hält. Dann allerdings tauche ich nicht nur vollständig ein und ab, sondern teile das auch gerne mit meinen Mitmenschen. Unabhängig davon, ob sie das wollen oder nicht.

Diagnostiziert wurde ich erst mit über 40. Die Diagnose zu bekommen, war ein Problem. Mit ihr umzugehen ein anderes. Aber umso länger ich das muss, umso deutlicher wird mir, dass ich nicht nur nicht allein bin, sondern dass offensichtlich sehr viel mehr Menschen so „ticken" wie ich.

Und so möchte ich eigentlich einfach meine Geschichte erzählen. Nicht weil ich Mitleid oder Bewunderung möchte. Sondern weil ich glaube, dass es vielleicht Menschen mit einer Autismus-Störung wie der meinen, und Menschen, die mit solchen Betroffenen Umgang haben, helfen kann, besser zu verstehen.

Falls es jemanden interessiert:

Ich liebe die Musik der 80er, Bücher von Stephen King und guten Sex.

Kapitel I

„Sie sind behindert.“

Kapitel II –Die Diagnose

Ok. Genau so wurde das damals nicht gesagt. Aber gemeint war es schon so. Nehme ich an.

Das Wann ist der 26.03.2020 und das Wo ist die Autismus-Ambulanz der LWL-Klinik Dortmund. Dort sitze ich an einem Tisch mit einer Diplom-Psychologin und einem Arzt für Psychiatrie.

Diagnose: Hochfunktionaler Autist, die Ausprägung[4] in meinem Fall: Asperger, auch wenn man letzteres eigentlich so nicht mehr sagt. Heute sagt man „F 84.5G".[5]

Das woran ich besonders zu knabbern hatte war, dass man mir empfahl eine Behinderung anerkennen zu lassen. Denn mit der Diagnose sei die Voraussetzung gegeben. Teil meiner Diagnose war, dass ich einen hohen IQ habe. Ist Intelligenz jetzt eine Behinderung?

Ich weiß nicht, ob ich Euch diesen inneren Konflikt klar machen kann. Ich wusste schon immer, dass mein Kopf anders tickt als bei meinen Mitmenschen. Und wenn ich z. B. sehe, dass ich nach der Grundschule erst auf eine Sonderschule sollte und dann auf der Gesamtschule mein Abitur nur sehr knapp geschafft habe, wäre das ja das eine. Auf der anderen Seite steht aber, dass ich sowohl

---

[4] Autismus ist eine sogenannte „Spektrums-Störung". Es gibt nicht „die Autistin" oder „den Autisten", sondern Betroffene können Symptome und Auswirkungen aus einer Bandbreite von Elementen zeigen. So wie in meinem Fall, wo die Details halt definieren, dass es das Asperger-Syndrom ist.

[5] Ich bitte um Nachsicht, dass ich trotzdem den Begriff Asperger-Autismus, bzw. Asperger verwende. Auch wenn man über die Herkunft und den Namensgeber sehr kontrovers diskutieren mag und insbesondere, was seine Rolle in NS-Deutschland sehr kritisch betrachten muss, so ist der Begriff doch eingängig und gesellschaftlich verbreitet.

ein wirtschaftswissenschaftliches als auch ein juristisches Studium mit jeweils einer 1 vor dem Komma abgeschlossen habe.

Kann man da von einer Behinderung, in dem Fall ja offensichtlich von einer geistigen Behinderung, sprechen?

Wenn ich meinem Landrat glauben darf, ja. Denn mir wurde ein „Grad der Behinderung" zugesprochen. Verrückt. Wobei mir nicht klar ist, ob ich damit die Entscheidung meine oder mich.

Allerdings war das nur der eine Teil, denn man riet mir auch, einen weiteren Spezialisten zu konsultieren. Denn neben dem Autismus würde man bei mir ADHS vermuten.

Und so kam es dann, dass ich nach einer „kurzen" Wartezeit am 10.11.2022 bei einem Psychologen zu Gast war.

Falls sich jemand fragt, wieso das alles so lange dauerte: Es ist unfassbar schwer, als Erwachsener einen Termin zu bekommen. Denn die Psychologen, die sich mit ADHS bei Erwachsenen beschäftigen, sind ebenfalls mindestens so rar wie solche, die sich mit Autismus bei Erwachsenen beschäftigen.

Kleiner kritischer Blik in Richtung Gesundheitsministerium. Sollte nicht so sein.

Dass ich mich in der LWL-Klinik gemeldet hatte, lag an einer Bekannten. Wir waren beide zusammen in der Politik aktiv, ich als Fraktionsvorsitzender, sie als Sachkundige Bürgerin. Selbst hatte sie einen Sohn mit Autismus und nachdem wir uns schon eine Weile kannten und sie genügend Zeit hatte mich zu beobachten, nahm sie mich mal zur Seite und fragte mich, ob ich schon mal überlegt hätte, warum ich bin wie ich bin.

Natürlich habe ich das. Dass ich anders bin als andere weiß ich, seit ich ein Kind war. Allerdings verberge ich das meist recht gut oder argumentiere, dass ich der Normale bin und alle anderen seltsam. Ihre direkte Frage irritierte mich etwas.

Sie wies mich auf, im Internet verfügbare, Selbsttests zu verschiedenen Aspekten des menschlichen Wesens hin und bat mich ein paar ausgewählte zu machen. Leider habe ich die Ergebnisse damals nicht aufgehoben, sie waren jedoch eindeutig, wenn auch nicht überraschend. So kam z. B. heraus, dass ich einen starken Mangel an „Emotionaler Intelligenz" besitze. Und nach den Tests war ich schon sehr deutlich im Autismus-Spektrum.

Ich vertraue solchen Selbsttests in der Regel nicht. Sie tat das jedoch, insbesondere wegen der Deutlichkeit der Ergebnisse. Also habe ich, weil ich ja gerne mache, was man mir sagt, mich um einen Termin für einen Autismus-Test bei Erwachsenen in NRW bemüht. Das ist überraschend schwierig, denn gleichwohl ich im Laufe der Jahre mehr und mehr zu dem Ergebnis komme, dass Autismus weiterverbreitet ist, als wir glauben, sind die Test- und Behandlungskapazitäten ein Witz.

Aber: Mit genug Geduld hat es ja letztlich funktioniert. Und so kam ich zum Autismus-Test und der war sehr eindeutig, Für meine Bekannte war das jetzt offensichtlich keine Überraschung.

14

Es war aber auch spannend: Denn zum einen ist es natürlich sehr schmeichelhaft, wenn man erfährt, dass man einen hohen IQ hat. Auf der anderen Seite stand aber auch eine Auswertung, die weniger schmeichelhaft gewesen ist. Denn niemand hört gerne, dass er bestimmte gesellschaftlich als negativ wahrgenommenen Züge aufweist.

Die Tests

Ich kann mir vorstellen, dass es für die eine oder den anderen spannend ist zu wissen, wie solche Tests hinsichtlich Autismus und ADHS ablaufen. Das Schwierige ist, dass ich nicht weiß, ob die Art, in der ich getestet wurde, universell ist oder speziell an mich angepasst wurde.

Zudem glaube ich, dass man mit zu viel Detailinformationen vielleicht versucht ist, bewusst oder unbewusst die Tests in die eine oder andere Richtung zu beeinflussen. Da ich das vermeiden möchte und auch nicht den Anschein erwecken möchte, ich wüsste, was die Regel ist, gebe ich nur einen sehr kurzen Abriss darüber, wie es bei mir war.

Autismus und Asperger

Wie ich schon geschrieben habe, bin ich in die LWL-Klinik[6] nach Dortmund gefahren, in der es eine spezielle Autismus-Ambulanz für Erwachsene gibt. Denn wenn es schon schwer ist, einen Testtermin für Kinder zu bekommen, für Erwachsene ist es noch mal schwerer:

---

[6] https://www.lwl-klinik-dortmund.de/de/fuer-patienten-angehoerige/die-klinik/ambulanz/

So steht zu dem Zeitpunkt, an dem ich das hier schreibe, auf der Website auch, dass man derzeit keine Termine mehr anbieten könne.

Ich konnte damals noch auf eine Warteliste, wobei ich leider glaube, dass mein Status als Privatversicherter hier eine Rolle spielte. Die avisierte Wartezeit war trotzdem ein ganzes Jahr! Allerdings konnte ich angeben, dass ich flexibel bin und als nach gut 9 Monaten ein Anruf kam, ob ich spontan in 2 Stunden da sein könnte, konnte ich das natürlich.

Angekommen, wurde ich von einer Psychologin und einem Arzt für Psychiatrie begutachtet und der erste Teil war ein sehr umfangreicher IQ-Test, der verschiedene Aspekte der Intelligenz abklopft. Faszinierend war für mich die Reaktion darauf, wie schnell ich mit dem Test durch war – und das Ergebnis. Offensichtlich war schon mein Tempo eine erste Signal-Flagge, die gehisst wurde. Die Zweite war dann die hohe Ergebnisqualität bei den nicht emotionalen Themengebieten des Tests.

Die dritte Flagge, und die Rote, war dann das Testergebnis, als es darum ging, Emotionen zu erkennen, z. B. auf Fotos, und zuzuordnen. Hier war meine Trefferrate so gering, dass man mir hinterher mitteilte, dass ich nicht einmal die statistische Wahrscheinlichkeit erreicht hatte.

Vereinfach bedeutet das, dass wenn man Dir eine große Anzahl Fragen mit 2 Antwort-Optionen gibt, Du im Mittel 50% richtig liegen solltest. Ich lag weit darunter, was bedeutete, dass ich nicht nur nicht verstanden habe, was ich gesehen habe, sondern es in einem aktiven Prozess falsch verstanden habe.

Nach den standardisierten Tests hat sich die Psychologin sehr lange mit mir unterhalten. Mein familiäres Umfeld beleuchtet, meine Vergangenheit und Gegenwart, Schule, Beruf und so weiter. Ich kann es nicht mit Bestimmtheit sagen, würde aber annehmen, dass wir mindestens 3 Stunden miteinander verbracht haben. Im Anschluss gesellte sich noch der Psychiater dazu und stellte Fragen zu meinem „Empfinden".

Zum Abschluss bekam ich mitgeteilt, dass man mir in einigen Wochen ein Ergebnis zusenden würde, wenn man die Auswertung der Tests und Befragungen abgeschlossen hat. Was man mir jedoch schon mitgeben wolle, wäre:

1. Ich bin hoch intelligent. Tatsächlich in einem Bereich in dem nur 2% der Bevölkerung verortet sind. Ich muss gestehen, dass mir das durchaus gefällt.

2. Ich verstehe Emotionen nicht, kann sie nicht in Gesichtern lesen und bin deswegen immer wieder von den Reaktionen meiner Mitmenschen überrascht, weil ich in sozialen Interaktionen immer unvorbereitet bin. Das war keine Überraschung im eigentlichen Sinne, aber in dieser Deutlichkeit natürlich etwas, dass ich verarbeiten musste.

3. Man könnte mir jetzt schon sagen, dass ich eine sehr deutliche Ausprägung des Asperger-Syndroms habe, und man würde mir dringend raten, einen Spezialisten für ADHS zu konsultieren, weil man auch dafür deutliche Zeichen sieht.

Bevor ich ging, bekam ich noch den Hinweis, eine Anerkennung einer Behinderung[7] zu beantragen. Ich muss dumm aus der Wäsche geschaut haben, denn die Beiden erklärten mir, dass es in Deutschland durchaus üblich ist, Menschen mit einem weit überdurchschnittlichen IQ eine Behinderung anzuerkennen. Was weniger am „schlau sein" lag als mehr daran, dass meine Art zu denken, insbesondere auch als Asperger, für mich im Leben beständig den Umgang mit Herausforderungen mit sich bringen würde, die „Normalos" nicht haben.[8]

Viel AD und wenig HS

Ich bin dann auf die Suche nach einem Psychiater gegangen, der bei Erwachsenen eine ADHS-Diagnostik anbietet. Die Suche danach war ähnlich katastrophal wie bei der Autismus-Diagnose. Ich habe aber letztlich einen Arzt in Düsseldorf gefunden und nach einer weiteren, recht langen, Wartezeit hatte ich meinen ersten Termin.

Der erste Teil meiner ADHS-Diagnose bestand wieder aus einem Standardtest, diesmal zum Ankreuzen. Meine Antworten fand der Psychiater sehr unterhaltsam und meinte, dass das Ergebnis schon sehr eindeutig wäre. Gleichwohl fand im Anschluss ein recht langes Gespräch statt, dass dem in der LWL-Klinik ähnlich war.

Am Ende des Gespräches stand, dass ich nach Ansicht des Psychiaters tatsächlich einen sehr auffälligen

---

[7] Genauer einen „Grad der Behinderung", GdB, der ausdrückt, inwieweit man durch eine Behinderung im allgemeinen Leben benachteiligt oder herausgefordert ist.

[8] Der Begriff Normalos ist von mir, nicht von den Ärzten. Ich grenze mich damit gerne mehr oder weniger scherzhaft von meinen Mitmenschen ab.

18

Autismus habe. Den halt nur vor den beiden Diagnosen niemand anders gesehen hat, weil niemand danach gesucht hat. Außerdem sei bei mir ADHS sehr stark ausgeprägt, allerdings mit einem starken Fokus auf ein Aufmerksamkeitsdefizit und eher vernachlässigbarer Ausprägung in der Hyperaktivität.[9]

Er bot mir an, bei ihm in Behandlung zu gehen, was aber angesichts meiner langjährigen Anpassung nur daraus bestehen könne, dass er mir anbietet mit ihm zu reden. Ändern würde sich bei mir nicht mehr sehr viel.

Als letztes kam von ihm die Empfehlung begleitend eine medikamentöse Therapie zu versuchen.

Den Gedanken fand ich etwas unschön. Psychopharmaka? War ich nicht bisher auch ohne gut zurechtgekommen?

Das Medikament wäre „Elvanse". Ich sollte mich dazu mal im Internet schlau machen.

Das fand ich interessant, weil ich nicht gedacht hätte, dass man mir empfehlen würde, auf andere im Internet zu hören. Er war sich aber sicher, dass die Berichte mich neugierig machen würden.

Außerdem würde er mit einer geringen Dosis beginnen und das Medikament sei nicht abhängig machend, das sei ihm wichtig.

---

[9] Wie Autismus ist ADHS auch ein Spektrum. Es gibt nicht „den" oder „die" Betroffene, die einzelnen Untermerkmale können ganz erheblich abweichen. Diese Merkmale gruppieren sich um die beiden Teile „AD" und „HS" herum.

Und da stand ich nun. Ich wusste jetzt, dass

1)   Ich Autist bin,
2)   ADHS habe und
3)   es Medikamente zur Behandlung gibt.

Dieses Wissen hat eine merkwürdige, befreiende Wirkung. Weil man plötzlich das „Anders sein" mit einem Namen versehen kann, Gründe nennen kann. Auch weil man auf einmal belegt bekommen hat, dass man wirklich anders aber eben nicht wirklich schlechter ist.

Im weiteren Verlauf werdet Ihr lesen, warum ich dieses Wissen gerne früher gehabt hätte. Was sich damit alles geändert hätte und wie mein Leben hätte vielleicht sein können.

Warum Zeit so wichtig ist

Was ich an dieser Stelle gerne einmal einschieben möchte, ist, wie wichtig eine frühe Diagnose ist.[10] Mit mir als mehr oder weniger gutem Beispiel dafür, dass wenn man weiß, dass ein Kind Autist ist oder ADHS hat, man dessen Umfeld und sein Aufwachsen anders gestalten kann. Um die andere Art zu lernen und die Umwelt zu begreifen, zu integrieren.

Im Weiteren werde ich über Situationen und Erlebnisse schreiben, bei denen man denken könnte, dass einige davon ganz schön unangenehm gewesen sein müssen. Waren sie dann meistens auch. Und viele, unangenehme Erfahrungen hätten für mich wohl vermieden werden

---

[10] Vgl. Daves Buch, Seite 79

können, wenn ich diese beiden Diagnosen sehr viel früher, wir sprechen vom Kindesalter, gehabt hätte.

Und auch wenn man heute Autismus und ADHS sehr viel offener gegenübersteht: Wenn Ihr selbst Eltern seid und Kinder habt, bei denen Ihr nach dem Lesen dieses Buches glaubt, Ähnlichkeiten zu erkennen, fragt frühzeitig jemanden, der oder die sich damit auskennt. Und wenn Ihr Eltern kennt, bei deren Kinder Ihr das Gefühl habt, da könnte was sein, sprecht sie vielleicht darauf an.

Ich bin der festen Überzeugung, dass viel mehr Menschen sich im Autismus-Spektrum befinden oder von ADHS betroffen sind, als wir glauben. Was auch daran liegt, dass wir, als Gesellschaft, hier sehr lange die Augen verschlossen haben.

Was folgte

Im weiteren Verlauf dieses Buches wird es jetzt viel um die Frage gehen, wie ich lernte, damit umzugehen, anders zu sein. Wie ich es lernen musste.

Was mich erstaunt hat, war die Feststellung, wie viele Ereignisse in meinem Leben ich mit der Diagnose erklären konnte, die mir vorher Rätsel aufgaben. Es ist nicht so, als wäre mir nicht klar gewesen, dass ich anders bin. Jetzt weiß ich aber, warum!

Das wirft aber immer auch die schwierige Frage auf, was wäre, wenn. Also was wäre, wenn man mich früher nicht als dumm, sondern hochintelligent erkannt hätte. Was wäre, wenn man mich nicht als unsportlich definiert hätte, sondern herausgefunden hätte, welcher Sport mir liegt und mich gefördert hätte? So viele was wäre, wenn.

Kapitel III – Aufwachsen

Vielleicht ist es das Beste, wenn ich chronologisch durch mein Leben gehe. Dann kann ich später auch behaupten, ich hätte eine Autobiographie geschrieben.

Auf der anderen Seite hilft es aber vielleicht zu verstehen, warum ich es für sehr wichtig halte, dass Autismus und ADHS bei Kindern möglichst früh diagnostiziert werden. Schon weil daraus eine ganze Reihe von Anforderungen, auch an die Erziehungsberechtigten, folgen. Anforderungen, die bei mir nicht bekannt waren und bei denen ich heute natürlich die Frage stellen muss, wie mein Leben wohl gelaufen wäre, wenn doch.

Das Problem ist, dass ich Baujahr 1977 bin. In meiner Kindheit und Jugend war Autismus nicht wirklich ein Thema. Kinder waren maximal „besonders". Und ich glaube, ich war in vielerlei Hinsicht eines dieses „besonderen" Kinder.

Wenn wir aber in meiner Kindheit anfangen wollen, stoßen wir auch schon direkt auf die erste Besonderheit, die es mir auch schwer macht, von früher, damals oder gestern zu sprechen. Und das ist mein Gedächtnis und mein Erinnerungsvermögen.

Erinnern oder nicht erinnern

Ich habe grundsätzlich ein sehr gutes Gedächtnis. Wie das eines Elefanten, der bekanntlich nichts vergisst. Gleichzeitig habe ich ein sehr schlechtes Gedächtnis, wie eine Fliege, die nach 7 Sekunden das Fenster nicht mehr findet, durch das sie hereinkam.

Die Erklärung dafür ist, dass mein Gedächtnis selektiv arbeitet. Es gibt Dinge, die merkt es sich sofort und unlöschbar bis in alle Ewigkeit. Das können Bilder und Orte sein, das können Worte sein oder Fakten.

Meine Schwierigkeit ist, dass ich auf das Was, das sich mein Gedächtnis merkt, keinerlei Einfluss nehmen kann. Es entscheidet selbstständig und vollkommen unbeeindruckt von meinem Willen, was es speichert und was nicht. Das hat sich in der Schule bemerkbar gemacht, weil selbst der Versuch Dinge auswendig zu lernen – Gruß an meine Lieblingstante und ihren Versuch mir Latein-Grammatik einzuprägen – oftmals gescheitert ist oder wenn dann nur für einen sehr kurzen Moment funktioniert hat.

Das geht so weit, dass ich bei Dingen, die ich vergesse, auch vergesse, dass ich sie jemals wusste. Wenn ich zum Beispiel sage, dass wir über ein bestimmtes Thema nicht gesprochen haben, ignoriere ich unter Umständen sogar den Beweis des Gegenteils. Ich bin felsenfest davon überzeugt, dieses spezielle Wissen niemals gehabt zu haben. Die Erinnerung daran ist vollständig aus meinem Kopf gelöscht.

In der Folge bestehen meine Erinnerungen an mein Leben aus einer Aneinanderreihung von Snapshots, die ich mit viel Mühe vielleicht in eine zeitliche Abfolge bringen kann. Daraus erwächst die Gefahr, dass, wenn ich z. B. über meine Schulzeit schreibe, viele Erinnerungen nicht mehr da sind. Oder, was fast noch schlimmer ist, dass mein Gehirn Lücken mit Märchen geschlossen hat, von denen ich heute glaube, dass sie die Wahrheit sind.

Insofern vertraue ich mir da selbst oftmals nicht. Was auch ein Grund dafür ist, warum auf meinen echten Festplatten, also denen im Computer, sprichwörtlich hunderttausende Fotos liegen. Was ich fotografiere, kann ich mir wieder anschauen und mich vielleicht erinnern. Und tatsächlich ist es so, dass ich mir oft zufällig Fotos anzeigen lasse, z. B. auf dem iPhone, und dann erstaunt bin, was ich wann wo gemacht habe.

Dieses selektive Gedächtnis ist aber in der Schule, soviel sei verraten, ein echtes Problem gewesen. Und um vielleicht noch mal zu verdeutlichen, wie extrem das ist:

Lange vor meiner Diagnose war ich deswegen schon mal bei meiner Hausärztin und habe sie einen Demenz-Test machen lassen. Ihr könnt versuchen Euch vorzustellen, wie das ist, wenn Ihr mir was sagt, und mein Gehirn vergisst das nach wenigen Minuten. Und wie es ist, Menschen zu treffen, z. B. in Besprechungen und quasi sofort ihren Namen zu vergessen und vor allem ihre Gesichter: Ich könnte, nach der Besprechung, niemanden davon mehr auf der Straße wiedererkennen.

Der Demenztest war eindeutig negativ. Und meine Hausärztin wusste sich halt auch nicht anders zu helfen als zu sagen, dass sei dann bei mir so. Und dass ich mit To-Do-Listen arbeiten solle. Das stimmt zwar, hilft aber insgesamt wenig.

Und ja, ich habe auch diverse bildgebende Verfahren, wie MRT und Co, auf mein Hirn losgelassen. Der Kontext war ein anderer, aber auch hierbei ist niemals irgendetwas aufgefallen.

Wobei es jetzt spannend wäre, von Fachleuten noch einmal untersucht zu werden, die auf Autismus und ADHS spezialisiert sind. Vielleicht kann man in meinem Gehirn irgendwas davon wiederfinden? Und dank moderner Technologie könnte das ja sogar ohne Aufsägen meines Schädels erfolgen.[11]

Es gibt aber etwas, dass mein Gehirn sich oft ein Leben lang merkt: Unangenehme Erfahrungen und Personen, die mir gegenüber nicht gut waren. Es mag verrückt klingen, dass ich mir nicht merken kann, was ich gerade gesagt habe, dafür aber sehr wohl, was irgendein unwichtiger Bully mal gesagt hat. Und das ich in gleichem Maße eigentlich niemandem Böse sein kann, dem etwas missglückt, aber mein Leben lang davon träume, es diesem Bully heimzahlen zu können, bzw. zu dürfen.

Und das begann halt schon in der Grundschule.

Grundschule

An die Grundschule kann ich mich, wenn überhaupt, nur in Bruchstücken erinnern. Und das, was ich erinnere, muss nicht unbedingt wahr sein. Bis auf eine Sache:

Als es um die Frage ging, auf welche weiterführende Schule ich gehen sollte, stand im Raum, dass ich auf eine Schule für lernbehinderte Kinder sollte. Da ich offensichtlich nicht wirklich lesen und schreiben könne. Das war aus zweierlei Gründen eine Überraschung: Zum einen hatte ich zu Hause sehr viel gelesen. Und zum

---

[11] Ich bevorzuge Untersuchungen, bei denen man mich nicht aufschneidet.

26

anderen gab es einen Test in der 4. Klasse, der ermitteln sollte, auf welche Schule ich gehen sollte:

Diesen Test hatte ich wohl überraschend gut bestanden, denn ich weiß noch, wie man mir vorhielt, ich hätte abgeschrieben. Was eigentlich ausgeschlossen war und schon damals war mein Gerechtigkeitssinn ziemlich stark ausgeprägt. Was mich zu einem lautstarken Protest veranlasste. Es half alles nichts, ich musste den Test noch mal machen. Mit ähnlich gutem Ergebnis und einer Empfehlung für das Gymnasium. Einem Ergebnis, dass nach Ansicht der Lehrer*innen an meiner Grundschule nicht sein konnte.

Man entschied dann nach langen Beratungen, dass ich auf eine sich gerade neu gründende Gesamtschule in Duisburg Walsum gehen sollte. Denn dort könnte ich ja mit dem Hauptschulabschluss abschließen oder vielleicht den Realschulabschluss schaffen.

Was hinter diesem Desaster steckt, dürfte folgendes sein: Ich habe mich nie für Grundschule interessiert. Es gab unzählige Bücher, die ich spannend fand, keines davon spielte in der Schule eine Rolle. Wegen meines nicht diagnostizierten ADHS war ich vermutlich auch eher ein Schüler, der dem Unterricht nicht nur keine Beachtung schenkte, sondern geistig abwesend wirkte.

Was ich vermutlich auch war. Und über mein Sozialverhalten brauchen wir nicht sprechen. Insofern braucht es auch nicht wundern, dass auf dem letzten Zeugnis dann auch nur bei „mündlichem Sprachgebrauch“, „Lesen“ und „Sachunterricht“ eine wenigstens bessere Note stand. Über den Rest schweigen wir.

Was meine Schulzeit begleitet hat, war Mobbing. Ich glaube nach all dem, was ich gelesen habe, ist das vollkommen normal für Kinder mit Autismus:[12]

Autistische Kinder laden dazu ein, gemobbt zu werden. Dafür gibt es viele Gründe, die aber das Risiko bergen, dem betroffenen Kind, also mir, eine Schuld oder Teilschuld zu geben. Das ist nicht so, schuld sind die Kinder, die mobben und die Eltern, die solches Verhalten nicht sanktionieren.[13]

Aber Kinder mit Autismus, und ich werde da keine Ausnahme gewesen sein, finden in der Regel keinen Anschluss.[14] Ich habe aus der Grundschule keine Erinnerung an Freundschaften oder sowas. Keine Mitschüler*innen, außer denen die auch den Schulwechsel mitgemacht haben, spielte jemals wieder eine Rolle in meinem Leben. Alle anderen sind einfach aus meinem Gedächtnis entschwunden.

Was ich in Erinnerung habe, ist das Gefühl, ausgeschlossen gewesen zu sein. Ich habe meine Mitschüler*innen nicht verstanden, sie mich nicht. Ebenso die

---

[12] Der Begriff Normal bezieht sich auf das fast schon zwingende Auftreten. Nicht auf eine gesellschaftliche Normalität. Hier zeigt sich aber, dass vor allem Eltern nicht-neurodivergenter Kinder eine große Verantwortung zufällt. Die sie nicht leben können, weil sie gar nicht wahrnehmen, dass es „spezielle" Kinder gibt.

[13] Mobbende Kinder hat es immer gegeben und wird es immer geben. So wie es immer Eltern geben wird, die es nicht schaffen, ihre Kinder vom Mobbing abzuhalten. Einer der traurigen Fakten dieser Welt. Wobei ich glaube, dass Mobbing auch mit Sozialisation zu tun hat, also dem, was kleine Kinder zu Hause erleben. Insofern stehen Eltern hier vor allem in der Verantwortung.

[14] Vgl. Daves Buch, Seite 102

Lehrer*innen. Das war im normalen Unterricht so, das war in den Pausen so, aber vor allem natürlich beim Sportunterricht.

Alles das, was für „normale" Kinder ein, pardon Wortspiel, Kinderspiel war, konnte ich nicht. Und ich hatte auch selten die Gelegenheit, es zu lernen. Turnen? Am Seil hoch? Vergesst es. Schwimmen lernen? Fiel mir verdammt schwer.

Das hat auch damit zu tun, dass als ich Ende der 80er zur Schule ging, auf Kinder, wie ich wohl eines war, wenig Rücksicht genommen wurde. Ich galt entweder als faul oder als dumm oder als beides. Und was in meinem Fall besonders problematisch war: Das galt auch im Elternhaus. Hier vielleicht sogar besonders. Dazu aber später mehr.

Zurück zum Mobbing: Mehr als ein Mal wurde ich körperlich angegangen und warum auch nicht? Kinder mit Autismus nehmen das anders wahr und reagieren anders als andere Kinder. Das scheint animierend auf Täter[15] zu wirken. Und Unterstützung von Lehrer*innen? Ich bitte euch.

Die wenigen Male, die ich dann den Spieß umgedreht habe, war das aus einer schier unbändigen Wut heraus. Was es mit der Wut auf sich hat, ist auch ein Thema für ein späteres Kapitel. Aber ich sag mal so: Gab es für mich Ohrfeigen, gab es für mein Gegenüber richtige Verletzungen. Die Folge war klar:

---

[15] Interessanterweise muss ich hier nicht gendern.

Während ich erlebt habe, dass Täter praktisch nie zur Rechenschaft gezogen wurden, weil „Jungs sind nun mal so" und „er muss halt lernen, sich zu behaupten", wurde ich natürlich bestraft. Entweder dafür, dass ich mir was gefallen ließ, oder halt dafür, was ich anderes schlimmes angetan hätte. Ob sie es verdient hatten, wurde nicht hinterfragt. Dass es aus einer Notlage heraus geschah, wurde nicht beachtet. Und natürlich prägt das fürs Leben.

Ich bin auch heute noch sehr passiv bei Gewalt. Aber halt nicht, weil ich mich unterlegen fühle. Sondern weil ich weiß, zu was ich in der Lage bin und im Hinterkopf ja mitschwimmt, dass ich mich dann rechtfertigen muss, dass man mich bestrafen wird. Ist in den meisten Fällen Unsinn, aber wer kann sich von seinen Gedanken schon frei machen?

Und es reicht manchmal sehr wenig, um mich in einen Zustand zu versetzen, in dem ich eigentlich nur darauf warte, dass mein Gegenüber die Hand hebt. Es mag pervers klingen, aber es gibt Situationen, in denen will ich Gewalt ausüben. Weil jemand mir gegenüber aktiv oder passiv Gewalt ausübt.

Ein Beispiel dafür gab es nach einem Konzertbesuch, wo mich ein Betrunkener angemacht hat. Vorausgegangen war ein Unfall einer Besucherin und dann macht der Typ mich an. Und ich hätte so gerngehabt, dass er die Hand gegen mich hebt – zum Entsetzen meiner Begleitung habe ich auch nichts getan, um die Situation zu entschärfen. Im Gegenteil, ich habe sie forciert. Der Typ war eklig, betrunken, ich war emotional angespannt, was nur sehr selten vorkommt. Und ich wollte ihm weh tun.

Es mag komisch klingen, aber ich bin sicher, dass das ein Ergebnis des Mobbings ist, das ich von früh an erlebt habe. Ob das im Kindergarten so war, weiß ich nicht. Aber mit Sicherheit in der Grundschule. Denn zu den sehr wenigen Dingen, an die sich mein Gedächtnis aktiv erinnert, gehört eine abstrakte Erinnerung, dass man mich gemobbt hat. Und sehr genaue Erinnerungen an meine seltenen, dafür sehr explosionsartigen Gewaltausbrüche als Reaktion.

Auf der anderen Seite muss ich aber leider feststellen, dass ich eine Weile meine Ruhe hatte, wenn ich ausgerastet bin. Was, wie gesagt, sehr selten vorkam.

Jetzt bin ich von der Grundschule an sich abgekommen. Aber wenn man mich fragt, wie meine Grundschulzeit war, gibt es tatsächlich nur diese beiden Erinnerungen: die vom Versagen des Schulsystems beim Umgang mit „besonderen" Schüler*innen und die an Mobbing und Gewalt.

Insofern war ich mit Sicherheit auch erleichtert, als ich auf die weiterführende Schule wechselte, weil nur eines der Arschlochkinder mit dorthin gewechselt hat. Zumindest in meiner Erinnerung, vielleicht habe ich die anderen auch vergessen. Und vielleicht hatte ich die Hoffnung, dass es besser werden würde. Was es nicht wurde. Nur, dass ich mich an mehr erinnern muss.

Gesamtschule

Weil unklar war, was mal aus mir werden würde oder ob überhaupt was aus mir werden würde, kam ich in den Genuss des Experiments Gesamtschule. Das war in den

80ern noch ein junges Konzept, weil es ursprünglich ja die Sonder-, Haupt- und Realschule gab und für die Bildungselite das Gymnasium.

Eine der Ideen damals war, dass die Hauptschule einen Makel habe und das Bildungssystem an sich nicht durchlässig genug sei, wenn Kinder nach der Grundschule mehr oder weniger in einer Bildungslaufbahn „fixiert" waren. Daher die Idee einer Schule, die vom Hauptschulabschluss nach der 9. Klasse bis zum Abitur alles abdecken sollte.

Als ich die Schule wechselte, wurde in Duisburg Walsum gerade in den Räumen einer ehemaligen Hauptschule und neben einem Gymnasium die Gesamtschule Walsum neu gegründet – ich bin quasi Gründungsmitglied.

Das ganze Konzept war noch neu und musste sich erst im Laufe der nächsten Jahre zurecht rucken. Sicherlich etwas, von dem ich massiv profitiert habe. Denn, soviel vorweg, an einer anderen Schule wäre das mit dem Abitur vermutlich sehr schwer geworden, wenn nicht gar unmöglich.

An der Gesamtschule habe ich zwei Dinge gelernt: Das eine ist, dass es Fächer gibt, die mir sofort und absolut liegen. Dazu gehörten Naturwissenschaften, aber eben auch insbesondere die damals noch neuen Computer und damit verbundenen Fächer.

Um Euch das mal zu verdeutlichen: Dank eines sehr engagierten Computerlehrers[16] hatten wir die praktisch

---

[16] Von „Informatik-Unterricht" waren wir noch weit entfernt

ersten Computer, die man ernst nehmen konnte. Das war damals ein Raum voller Schneider[17] CPC 464 und 664. Ihr solltet die mal googlen, aber so viel:

Die Computer zeichneten sich durch Grünmonitore aus, die „Farben" in 16 unterschiedlichen Grüntönen darstellten und die CPC 464 speicherten ihre Daten auf Kassetten. Nein, das ist kein Tippfehler, zum Speichern nahm man herkömmliche Musikkassetten. Der CPC 664 hatte schon Disketten in einem Format, dass heute fast niemand mehr kennen dürfte (3 Zoll) und auf die nicht mal so viel passte, wie heute ein einzelnes Foto auf Eurem Handy an Speicherplatz belegt. Drucker gab es auch schon: Diese bauten aus 9 Nadeln ein Zeichen zusammen und drückten das gegen ein Farbband (nur Schwarz am Anfang) und damit auf Papier. Wenn Ihr heute die komischen Geräusche der Rezeptdrucker in den Arztpraxen hört, das sind das sogenannte „Matrix"- oder „Nadeldrucker".[18]

Und Ihr merkt und ich merke, dass ich komplett abschweife. Ich fange an, von Computern zu reden und bin geneigt, alles, was ich über die Geräte weiß, zu erklären und zu beschreiben. Wohl wissend, dass es die meisten von Euch nicht interessiert und es die anderen besser auf YouTube ansehen oder in Wikipedia dazu lesen können.

Aber zurück zur Schule.

---

[17] https://de.wikipedia.org/wiki/Amstrad_CPC
[18] Anders, als bei Laser- oder Inkjet-Druckern, wird hier mechanisch ein Buchstabe auf Papier aufgedruckt. Das ist der einzige Weg z. B. Rezepte mit Durchschlag zu erzeugen·

Die Gesamtschule war im Grunde eine Fortsetzung, wenn nicht gar die Intensivierung dessen, was die Grundschule für mich darstellte: Ein Raum, in dem ich mich nicht wohlfühlen und nicht entfalten konnte.

Während der Schulzeit dort hatte ich zwei „Freunde", zu beiden habe ich keinen Kontakt mehr. Neben diesen beiden, hatte ich einige Mitschüler, die man, vielleicht nicht direkt, als Feinde bezeichnen konnte. Die aber sicherlich in mir sowas wie eine gute Gelegenheit zum Frust ablassen gesehen haben. Und warum auch nicht, rückblickend kann ich sagen, dass ich das meiste gar nicht verstanden und vieles vermutlich nicht mal mitbekommen habe.

Zwei herausstechende Ausnahmen gibt es dabei: Den Mobber, der aus meiner Grundschulzeit übrig war. Und ein zweiter Junge, mit sehr starkem Übergewicht.

Das war eines von zwei Merkmalen bei ihm, das zweite war, dass er intelligent war. Hätte man mich vor meiner Autismus-Diagnose und bevor ich mich mit all dem beschäftigt habe, gefragt, wäre meine Annahme gewesen, dass er nur zu gerne mit den andern auf mich drauf wollte, damit niemand auf die Idee kommt, ihn wegen seines großen Übergewichts zu mobben. Heute denke ich anders darüber:

Ich glaube, dass es meine Intelligenz war, die er zutiefst irritierend fand: klug zu sein, war alles, was er hatte und plötzlich war er in einem Raum mit jemandem, der kognitiv mindestes mithalten konnte. Er kam aus keinen guten Verhältnissen und außer Essen und schlauen Büchern schien es in seinem Leben nicht zu viel zu geben.[19] Und wenn wir ehrlich sind: Eine Gesamtschule ist kein Ort für intelligente Kinder, die dort Außenseiter sind.

Das liegt auch daran, dass die Gesamtschule eben das gesamte Bildungsspektrum abdeckt und in einer gemischten Klasse vor allem in den ersten Jahren sehr viel mehr Jungen und Mädchen sitzen, die am Ende mit Hauptschulabschluss oder der damaligen Mittleren Reife von der Schule gehen, als solche, die Richtung Abitur wandern. Ich muss für den dicken Jungen also wohl Konkurrenz gewesen sein, was seine Aggression mir gegenüber erklären würde. Und ich war für ihn auch Ablenkung von sich selbst, um nicht selbst noch mehr Ziel des Hohnes, Spottes und der tätlichen Angriffe seiner Mitschüler zu sein.

Und ja, tätliche Angriffe, also körperliche Gewalt waren an der Tagesordnung. Wobei hier für mich wieder gilt, dass nach dem ersten richtigen „wehren" ich zum einen zwar wieder der war, der bestraft wurde, zum anderen aber eine Weile meine Ruhe hatte.

Der Unterricht war in den meisten Fällen eine Qual für mich. Die wenigen Fächer, die ich mochte, litten oft unter den Lehrer*innen. Denn es wäre ja schön gewesen, wenn ich nur Probleme mit Mitschülern gehabt hätte. Hatte ich aber nicht. Denn auch bei den Lehrern und Lehrerinnen gab es zwei Lager:

---

19 Als wenn das, wenn man mein Elternhaus betrachtet, bei mir anders gewesen wäre…

Die Wenigen die mit mir klar kamen und die sehr zahlreichen Anderen. Einige Beispiel davon sind mir lebhaft in Erinnerung geblieben:

Ich habe meinen Lateinlehrer gehasst und er mich. Das hatte mehrere Gründe, aber aus meiner Sicht vor allem, weil er mir stets das Gefühl gab, mich für einen dummen, unfähigen und unsportlichen Schüler zu halten. Und aus seiner Sicht mag das gestimmt haben: Latein war ein, wenn nicht das, absolute Albtraumfach für mich. Ich konnte es nicht lernen.

Und Sport? Sport ist ein eigenes Thema:

Für viele Autisten ist Sport-Unterricht kein angenehmes Thema, denn wir haben oft ein Problem mit der Koordinierung. Wir wirken dann ungeschickt, ecken an und können bestimmte Bewegungsmuster nicht gut und manchmal gar nicht lernen. Bei mir zum Beispiel ist klar, dass ich, auch wegen des fehlenden Rhythmus-gefühls, absolut nicht tanzen kann. Aber auch andere Aktivitäten im Sportunterricht fielen mir schwer: Ich war nie ein schneller Läufer, konnte nicht am Seil hoch, die Liste ließe sich unendlich fortsetzen. Was ich allerdings konnte, war Rennrad fahren. Sehr schnell und sehr lange, denn Kraft und Ausdauer waren, anders als die Koordination, kein Problem.

Von meinem Sportlehrer wusste ich, dass er Rennrad fährt. Und als wir mal wieder einen Streit über meine sportlichen (Un-)Fähigkeiten hatten, habe ich ihm gesagt, er solle doch mal mit mir Rennrad fahren. Seine Antwort war, und daran erinnere ich mich sehr gut, ich würde vom Rad fallen, bevor wir aus der Stadt wären. Dieser

Kommentar muss mich verletzt haben, auch wenn ich es nicht so bezeichnen würde oder gemerkt habe. Aber ich kann sagen, dass meine Abneigung gegenüber ihm ab da absolut war.

Warum erzähle ich das?

Als ich Mathe bei meinem Informatiklehrer hatte, war ich ein Einser-Schüler. Es gibt sogar noch ein altes Heft mit Klausuren, in dem ich mit ihm darüber diskutiert habe, dass seine Lösung falsch und meine richtig ist. Ich hatte recht. Ich habe Mathe geliebt.

Bis ich eine neue Lehrerin bekam, die ihrerseits die Partnerin eines gewissen Lateinlehrers wurde. Ihr ahnt, was passiert? Ich kam nie wieder über die Note 4, Ausreichend, hinaus. Egal wie sehr ich mich angestrengt habe. Und dann habe ich sehr schnell die Lust verloren.

Eine ähnliche frustrierende Geschichte war Deutsch. Wer meinen Blog liest, der weiß, dass ich nicht nur sehr gerne lese[20], sondern auch sehr gerne schreibe.[21] Wovon ja auch dieses Buch zeugt. Und die Rückmeldungen sind so, dass ich glaube, dass ich auch so schreiben kann, dass man es lesen möchte.[22]

Im Deutschunterricht waren naturgemäß nicht die Bücher auf dem Lehrplan, die ich mochte. Das machte das Lesen

---

[20] https://buchwurm.blog
[21] https://unkreativ.net
[22] Zu dem Buch hier dürft Ihr mir auch sehr gerne eine Rückmeldung geben. Gefällt Euch mein Schreibstil? Würdet Ihr was ändern? Schreibt einfach an dont-reply@unkreativ.net

im Unterricht mühsamer für mich, weil das, was dort gelesen wurde, nichts war, das ich lesen wollte.

Was mir aber als einschneidendes Erlebnis im Kopf bleibt, ist ein Kommentar, den meine ehemalige Deutschlehrerin mal unter eine Klausur von mir schrieb:

„Inhaltlich richtig, aber dein Stil gefällt mir nicht, daher nur Ausreichend (4)."

Ich weiß nicht, ob ich vermitteln kann, wie sehr mich das frustriert hat. Mir gefällt der Stil von Theodor Fontane auch nicht. Trotzdem habe ich im Unterricht Effi Briest gelesen und nicht darüber diskutiert, wie sein Stil war, wenn Sachfragen anstanden. Und wie kann eine Deutschlehrerin einen Schüler so frustrieren?

Neben dem Mathe- und Informatiklehrer gab es aber zum Beispiel noch einen unglaublich netten Englischlehrer, der aber, was vermutlich symptomatisch ist, selbst Ziel heftigen Mobbings durch die Schüler war. Das Problem ist, dass es, jenseits der sehr wenigen Ausnahmen, in erster Linie Lehrer und Lehrerinnen waren, die mir komplett den Spaß an der Schule nahmen und mir sehr oft das Gefühl gaben, dumm zu sein.

Weil ich anders war, dachte und sprach, als meine Mitschüler*innen und Lehrer*innen Konformität wesentlich wichtiger gewesen ist als individueller Lernstil und das, was damit verbunden war.

Nach der Pubertät wurde das noch schlimmer: Damals war ich schon den Computern und den ersten Versionen der „Datenfernübertragung"[23] verfallen. Wenig Freunde habend, bestand mein nachschulischer Alltag im Wesentlichen aus meinen vier Wänden, Büchern und Computern.

Und oftmals „surfte" ich bis sehr spät in der Nacht, was dazu führte, dass ich tagsüber vollkommen übermüdet war und in der Folge natürlich mehr als einmal bei den weniger spannenden Fächern eingeschlafen bin.[24] Im Sinne des Wortes. Das hat das Verhältnis zu den Lehrern und Lehrerinnen nicht verbessert und ich glaube viele von ihnen hätten mich am liebsten so schnell wie möglich von der Schule gehen sehen.

Dass ich auf dieser Schule blieb und sogar Abitur machen konnte, hatte im Wesentlichen eine ganz einfache Ursache:

Durch das nebenan liegende Gymnasium lag auf der Gesamtschule ein gehöriger Druck, genug Schüler*innen für eine gymnasiale Oberstufe zusammen zu kriegen und bis zum Abitur durchzubringen. Denn es drohte eine „Zusammenlegung", also dass die Gesamtschule keine eigene Oberstufe haben würde, sondern die Schüler*innen für das Abitur an das Gymnasium wechseln würden.

Neben anderen Faktoren ging es bei einigen Lehrkräften wohl auch um die mögliche Besoldung. Von daher hatte

---

[23] DFÜ oder Datenfernübertragung waren die ersten Methoden, Computer miteinander zu verbinden. Das Internet wie man es heute kennt war noch in weiter Ferne, damals bestimmten sogenannte „Bitboxen" oder „Bulletin Board Systeme" (BBS, siehe https://en.wikipedia.org/wiki/Bulletin_board_system) das Online-Sein.

[24] Das bunte World Wide Web gab es damals so noch nicht, der Begriff „im Internet surfen" war noch nicht wirklich präsent.

meine Schule ein hohes Interesse an einer erfolgreichen Oberstufe.

Die Schülerzahlen drohten das zu gefährden. Denn obwohl wir mit 5 Klassen je knapp 30 Schüler*innen gestartet waren, schafften insgesamt weniger als 20 den Sprung in die Oberstufe. Verdammt wenig. Und davon kamen dann auch nicht alle bis zum Abitur durch.

Man ließ sich also viel einfallen, um uns bei der Stange zu halten. In meinem Fall tolerierte man sogar, dass ich immer weniger in die Schule ging, bzw. immer öfter Fächer ausfallen ließ, solange ich nur die Klausuren irgendwie bestand. Dazu gibt es zwei Anekdoten:

Die eine ist, dass sich irgendwann in meiner Familie der Eindruck durchsetzen konnte, dass ich vielleicht doch nicht überfordert bin an der Gesamtschule, sondern das Gegenteil. Also stand im Raum nach Dinslaken auf das Theodor-Heuss-Gymnasium zu wechseln. Ich war auch mal dort, dummerweise war das Niveau dort so viel höher als an meiner Gesamtschule.

So hoch, dass ich hätte echt arbeiten müssen. Und das schien mir nicht erstrebenswert.[25]

Das zweite ist, dass ich zu der Zeit viel nebenbei gearbeitet habe. Was ich gearbeitet habe, erzähle ich später, aber dieses Arbeiten kollidierte natürlich „gelegentlich" mit

---

[25] Das ist zumindest das, was ich glaube und sage. Ich kann aber nicht ausschließen, dass ich schlicht Angst vor der Veränderung hatte. Neue Räume, Lehrende und Mitschüler. Und heute weiß ich ja über mich, dass mir Veränderungen sehr schwerfallen. Aber es klingt natürlich besser zu sagen, dass ich einfach keinen Bock hatte, mich in Dinslaken für etwas anzustrengen, dass ich in Walsum quasi geschenkt bekam.

40

der Schule, bzw. wenn ich am Wochenende gearbeitet habe, war montags jetzt eher nicht so der Tag für Schule.

Das ging so weit, dass, bei der Zeugnisvergabe für das Abitur, mein Schulleiter es sich nicht verkneifen konnte, mich mit den Worten zu begrüßen, dass es schön sei, dass ich wenigstens an diesem Tag anwesend sei.

Die Zusammenfassung ist aber, dass Schule für mich wie Knast war. Ich war in Räumen eingeschlossen, bekam „Freigang" auf dem Hof, bei dem ich mich in Acht nehmen musste, nicht Opfer von Gewalt zu werden und Menschen, die ich nicht verstand und die mich nicht verstanden, entschieden über meinen Tagesablauf. Und mit „Hausaufgaben", die ich praktisch nie gemacht habe, wenn es nicht unbedingt musste, bis spät in den Nachmittag hinein. Dieses „gefangen sein" ging dann, dank Ganztagsschule, bis weit in den Nachmittag hinein.

Kurzum: Auch die weiterführende Schule war eine Qual. Meine Abiturnote war so schlecht, dass ich sicher bin, dass ich nur wegen des Gymnasiums nebenan überhaupt Abitur machen konnte. Und das führt auch zum Hauptproblem meiner Schulzeit:

Nach 13 Jahren Schule war ich sicher, dass ich dumm bin. Also wirklich dumm. Denn ich konnte die Dinge nicht auswendig lernen, die andere lernten und das wurde mir beständig als Fehler und Versagen vorgehalten. Das, was ich konnte, wurden nicht anerkannt, sondern oft sogar missbilligt. Deutlich in Erinnerung:

Wenn in den späteren Computerräumen etwas kaputt ging, war ich schuld. Wie vielen Mitschüler*innen ich aber Zugang zu der IT verschafft habe, ihnen Computer erklären konnte oder helfen konnte, Bewerbungen am PC zu schreiben, damals ein Novum, spielte keine Rolle.

Kurzum: Ich wusste, ich kann Computer. Und jenseits dessen hatten meine Mutter und mein Stiefvater sowie die Lehrerinnen und Lehrer wirklich ihr Bestes gegeben, um mein Selbstbewusstsein so weit wie möglich zu zerstören. Deswegen wäre ich auch nie auf die Idee gekommen, studieren zu gehen und es dauerte auch viele Jahre, bis ich das erste Mal ein Studium angefangen habe.

Ich hatte aber auch keine Ahnung, was ich arbeiten sollte. Die ganze „Berufsinformation" und „Berufsvorbereitung" war weitgehend an mir vorbeigegangen, weil ich ja nicht zu den Mittlere-Reife-Schülern gehörte, sondern zu den potenziellen Abiturienten.

Und die, die Schule begleitenden, Praktika waren auch nicht sehr hilfreich. Eines verbrachte ich im Kultur- und Stadthistorischen Museum in Duisburg, wo ich Spaß hatte, aber keine Arbeit sah. Eines in einem Computergeschäft, wo mir der Chef die Laune nahm, jemals für einen Menschen zu arbeiten, weil für ihn Praktikanten dafür da waren, all die Dinge zu machen, auf die er keine Lust hatte.

Diese Zeilen zu schreiben, ist im Grunde das erste Mal, dass ich mich damit auseinandersetze, wie es damals war und was das für Auswirkungen hatte. Und ich glaube ich könnte dieses Kapitel damit abschließen, dass ich nach der Schule praktisch an einem Tiefpunkt meines Lebens war.

Das war nicht so dramatisch, wie es sich jetzt liest. Weil ich zeitgleich ein anderes Leben führte, über das ich schreiben werde, wenn es um meine berufliche Laufbahn geht.

Dass ich immer schon mehrere „Leben" hatte, liegt am **Masking**, dass ich im Kapitel IV noch erklären werde. Aber ohne dieses zweite Leben weiß ich nicht, wie ich heute leben würde. Und ob ich nicht von Sozialhilfe leben würde und mehr oder weniger vor mich hinvegetieren würde.

Die Zusammenfassung hier ist aber zunächst, dass Schule damals auf Neurodiverse wie mich nicht nur keine Rücksicht nahm oder nehmen konnte. Sondern mehr oder weniger aktiv daran gearbeitet hat, mir das Leben zur Hölle zu machen.

Und das Eltern von Kindern wie mir, da keinen Gegenpol darstellen konnten. Sondern in der Regel alles noch schlimmer gemacht haben, wie später in dem Abschnitt über meine Familie noch mal deutlich wird.

Wer A studiert, muss auch B studieren

Ich fotografiere schon sehr lange sehr gerne und viel. Oben schrieb ich, dass das eine Unterstützung für mein Gedächtnis ist, weil ich so Orte und Erlebnisse wieder in Erinnerung rufen kann. Und ich kam irgendwann auch dazu, Menschen zu fotografieren.

Das ist die notwendige Überleitung zu meinem ersten Studium. Denn ich habe ja gerade erklärt, warum ich nach der Schule sicher war, dass ich niemals studieren werde: Sie hatte mir klar gemacht, dass ich nicht intelligent bin und Teile meiner Familie und Umwelt hatten das Gefühl gefestigt, dass ich richtiggehend dumm bin. Jetzt fragt Ihr Euch, verständlicherweise, was das Fotografieren mit dem Studium zu tun hat.

Über das „Knipsen"[26] habe ich jemanden kennen gelernt, der für eine Weile sowas wie ein Freund wurde. Dieser Bekannte oder Freund studierte seinerzeit an der „Fachhochschule für Oekonomie und Management" (FOM), heute „Hochschule für blabla". Er erzählte mir viel von seinem Studium. Was für mich damals aber wichtiger war: Er brachte von dort eine Reihe hübscher junger Frauen für gemeinsame Fotoprojekte mit.

Irgendwann dachte ich, dass ich mich ja auch mal einschreiben könnte. Und ja, der primäre Gedanke war, dort Menschen für Fotos anzutreffen. Der Hintergrund ist einfach, dass ich nicht der „Party-Mensch", der seine Wochenenden in Clubs verbringt, bin und auch keine Menschen auf der Straße ansprechen würde.[27]

Es schien mir also nur logisch, dass ich mich ja an einen Ort bewegen könnte, wo sich Menschen sammeln, die ich vielleicht mal fotografieren könnte.

An der FOM gab es einen Studiengang, der inhaltlich ganz spannend klang: „International Management". Dieser war auf Englisch und da nur wenig Leute wissen, dass

---

[26] Obwohl ich viele Leute mit Fotos glücklich gemacht habe, mit einigen Geld verdient habe, glaube ich immer noch nicht, dass ich ein „Fotograf" bin. Liegt an den Leuten, mit denen ich mich vergleiche, denke ich. Aber halt auch daran, dass es mir sehr schwerfällt, meine eigene Leistung zu würdigen.
[27] Ich schreibe Menschen und meine selbstverständlich Frauen.

44

ich Englisch so gut wie Deutsch spreche, dachte ich, dass das eine prima Ausrede wäre, wenn ich scheitere. Denn dann könnte ich es auf die Sprache schieben und müsste mir nicht auch noch die Blöße geben, den Menschen Recht zu geben, die mir erfolgreich vermittelt hatten, dass aus mir eh nix werden würde. Finanziell war das Studium kein Problem, da ich damals schon Beamter beim Land war und somit über ausreichend finanzielle Mittel verfügte. Also schrieb ich mich ein.

Was dann passierte, war allerdings nicht geplant.

Ich hatte mal, viele Jahre zuvor, ein „Testsemester" an der Fernuniversität Hagen geordert. Von den Postsendungen und hunderten Seiten Material war ich schlicht überfordert. Und da ich eh dachte, ich bin nicht schlau genug, war das mein einziger Versuch der Weiterbildung.

Inzwischen war es 2008 oder 2009, so genau weiß ich das nicht mehr, und ich saß in einem Hörsaal voller Studentinnen und Studenten, die zum größten Teil jünger waren als ich, mit meinen knapp 30 Jahren.

Die erste Vorlesung begann und….

Well, let's say it was amazing. Ich war vom ersten Moment an interessiert, denn der Dozent war ziemlich gut in dem, was er rüberbrachte. Dazu kam, dass das Studium im Wesentlichen so aufgebaut war, dass man erst die Grundlagen von BWL und VWL lernte und dann den Zyklus eines Unternehmens von der Gründung bis zum IPO, also Börsengang, oder zur Insolvenz auf dem Lehrplan hatte.

Die Kombination aus Vorlesung, zwei bis drei Mal die Woche, abends nach der Arbeit, und gelegentlich samstags, mit den Aufgaben zum selbst lernen schafften es, mich völlig in ihren Bann zu ziehen. War ich eigentlich wegen der Suche nach neuen Fotomodellen hergekommen, so stellte ich auf einmal fest, dass ich Spaß am Lernen hatte und, was noch faszinierender war, neues Wissen schnell und gut aufsaugen konnte.

Das galt nicht uneingeschränkt. Es gab Fächer wie „Buchführung", die mir echte Mühe bereitet haben. Weil ich kein Interesse hatte und das Auswendiglernen für mich schon immer ein Problem war. Das änderte aber nichts daran, dass die Zeit an der FOM wie im Flug verging und ich auf einmal ein Zeugnis in der Hand hielt, dass mir einen Hochschulabschluss mit einer 1 vor dem Komma bestätigte.[28]

Bis heute ist das für mich schwer zu verstehen und nachzuvollziehen. Das Studium war auch mehr wie ein Rausch neuer Informationen, die ich mehr aufsog als lernte. Und auch wenn ich wenig Fotomodelle anwerben konnte, ich bin halt zu schüchtern, habe ich eine junge Frau kennengelernt, mit der ich im Anschluss einige der besten Jahre meines Lebens hatte.[29]

Und da stand ich nun: Eine sehr kluge und hübsche Frau an meiner Seite, ein sehr gutes Zeugnis in der Hand und der innere Zwiespalt konnte nicht größer sein. Wie hatte

---

[28] Während meines Studiums wurde aus der Fachhochschule eine Hochschule. Der abgekürzte Name FOM blieb aber.

[29] Zur Wahrheit gehört auch: Das Studium zog mich so in den Bann, dass ich in meiner Freizeit mehr oder weniger meinen Fokus darauf hatte. In der Zeit habe ich nur sehr wenig fotografiert. So ist das Leben.

ich mich denn so erfolgreich durchmogeln können? Denn das musste es ja gewesen sein, weil ja klar war, dass ich zu dumm zum Studieren bin.[30]

Jetzt, mit Abstand und mit dem Wissen, das ich heute habe, kann ich das natürlich erklären. Ich wusste damals schlicht nicht, dass es bei mir so ist, dass es bestimmte Sachverhalte gibt, die sich mir auf eine fast natürliche Art erschließen. Wie halt wirtschaftliche Zusammenhänge oder Computer und dass ich eben auf Grund meines Autismus „Inselbegabungen" habe. Weswegen es für Menschen wie mich normal ist, jenseits dieser Wissensinseln nicht oder nur schwer lernen zu können. Platt gesagt verstehe ich etwas sofort und intuitiv oder kann es alternativ nur unter großer Mühe lernen.

„Witzig" ist in dem Zusammenhang aber, dass ich damals so sicher war, dass ich wahnsinnig viel Glück gehabt haben muss und meine Dozenten erfolgreich getäuscht hatte, zu glauben, ich wüsste, wovon ich rede, und auf keinen Fall riskieren sollte, weiter zu studieren. Spätestens dann würde ja auffallen, wie dumm ich wirklich bin.

Spulen wir ein paar Jahre vor.

Beruflich war ich in einer Sackgasse. Ich hatte eigentlich einen Job gehabt, der mich ziemlich erfüllt hat, war aber in der unglücklichen Lage, mich selbst wegrationalisiert zu haben. Was mir meine Chefs aber nicht so richtig glauben wollten. Zudem war ich in einer Organisation mit über 45.000 Menschen vermeintlich der Einzige mit

---

[30] Googelt mal das Impostor-Syndrom. Da könnte ein Foto von mir sein.

einem speziellen Wissensschatz und so wollte man mich auf keinen Fall gehen lassen.[31] Das gipfelte zwischendurch in einem als Burnout missverstandenen Boreout. Tatsache war, ich musste da weg.

Und hier ergab sich eine äußerst kuriose Situation:

Ich war damals noch nicht in der beamtenrechtlichen Laufbahn, in der ich heute bin. Dafür hätte ich nach der Schule an der Hochschule des Landes NRW[32] studieren müssen. Jetzt hatte ich aber ja neben der Arbeit an der FOM erfolgreich studiert. Und mein Arbeitgeber kam mit folgendem Angebot:

Für den Aufstieg in die nächsthöhere Laufbahn hätte ich eine 18-monatige Fortbildung, unterbrochen von Praxisabschnitten, die an meinem Arbeitsplatz stattgefunden hätten, machen können. Ich sollte ja nicht in andere Behörden wechseln und bei dieser Fortbildung hätte meine Behörde sehr starken Einfluss darauf gehabt, dass ich bei ihr bleibe.

Ich fand aber den Hinweis darauf, dass ich alternativ auch an der Hochschule der Polizei und öffentlichen Verwaltung NRW (HSPV) einen juristischen Abschluss machen könnte, der ebenfalls eine ausreichende Qualifikation darstellte.[33] Nach einiger Recherche sah es so aus, als

---

[31] Das ist so verstörend wie amüsant. Ich war nicht der Wissensträger. Aber man hielt mich dafür. Und das umso mehr, wenn ich versuchte zu erklären, dass das nicht so sei.

[32] Genauer: an der Fachhochschule für Öffentliche Verwaltung NRW (FHÖV NRW). Siehe FN 33.

[33] Während meines Studiums wurde aus der FHÖV NRW die „HSPV", also eine Hochschule. Scheint ein mich begleitendes Muster, wer also möchte, dass „seine" Fachhochschule eine „richtige" Hochschule wird, muss mich nur zu einem Studium einladen.

48

würde ich dort 3 Jahre Vollzeit studieren und das bei vollem Gehalt. Klingt merkwürdig, ist aber so. Und das schöne war ja:

Noch immer glaubte ich ja, dass ich eigentlich zu dumm bin, um meinen Namen in den Schnee zu pinkeln und dass ich das erste Studium nur durch sehr viel Glück gut bestanden hätte. Würde ich den Aufstiegslehrgang nicht bestehen, wäre das der unmittelbare Beweis und alle würden es sehen können. Würde ich aber studieren und das nicht schaffen, so hätte ich ja die Ausrede des „deutlich schwierigeren Studiums".

Außerdem gab es noch einen anderen Aspekt: Ich konnte mir nicht vorstellen, dass mein Arbeitgeber, meinen Abschluss an der FOM ignorierend, entscheiden würde, mich 3 Jahre, bei vollem Gehalt, an der Hochschule abhängen zu lassen. Das wäre doch absurd. [34]

Also habe ich mich beworben und musste zu einem computergestützten Einstellungstest. Den ich fast fehlerfrei und in Rekordzeit absolvierte. Don't ask how or why, ich weiß es nicht. Vermutlich durch die Kombination von Computer und logischen Aufgaben.

Es kam die Zusage, dass ich an der HSPV anfangen würde zu studieren. Und glaubt mir, bis zum Beginn der ersten Vorlesung war ich sicher, dass irgendwem auffallen würde, wie merkwürdig das ist. Ist aber offensichtlich

---

[34] Die angehenden Beamtinnen und Beamten, die dort studieren, bekommen eine „Ausbildungsvergütung". Da ich aber schon ein Beamter war, behielt ich meine Besoldung.

niemandem oder es war wirklich so gedacht, dass man mir den Luxus des bestbezahlten Studiums gönnte.

Und kaum das ich mich versah, fand ich mich in einem Hörsaal mit lauter sehr jungen Menschen, die in den öffentlichen Dienst wollten. Den Altersdurchschnitt hob ich mit meinen knapp über 40 massiv an, auch wenn ich nicht der Älteste war. Das war eine Kollegin, die aus dem Polizeidienst in den Verwaltungsdienst wechselte und noch mal 10 Jahre älter war.

Nach erfolgreicher Beendigung des Studiums kann ich sagen, dass ein juristisches Studium nix für mich ist. Aus unterschiedlichen Gründen. Das Faszinierende war aber, dass ich wieder eine 1 vor dem Komma auf dem Abschlusszeugnis hatte. Und ich sollte erwähnen, dass ich dort eine sehr intelligente und hübsche Frau kennenlernen durfte, die seit einigen Jahren an meiner Seite ist. Und gerade vor mir auf einer Liege am Strand liegt, während ich an der Strandbar sitzend diese Zeilen schreibe.

Es gibt da also ein Muster. Was mich auch dazu bewegt, wenn die Kommunalpolitik im Herbst 2025 für mich endet, ein weiteres Studium aufzunehmen. Das erste von vermutlich Zwei, die mir aktuell sehr zusagen.

Wieso ich dann mit fast 50 wieder an die Uni will?

Nun, knapp unter 20 war klar, dass ich niemals eine akademische Laufbahn einschlagen werde. Mit knapp 30 war klar, dass ich offensichtlich doch studieren kann, wenn es mir gefällt. Mit knapp 40 war klar, dass ich auch studieren kann, wenn es mir nicht ganz so gut gefällt. Ich finde das schreit danach, mit knapp 50 fortgesetzt zu werden.

Vielleicht auch nur, um es mir selbst zu beweisen. Und vielleicht auch nach wie vor in der Hoffnung das irgendjemand aus meinem Umfeld, der damals dachte, dass ich ein kleiner dicker und vor allem dummer Junge bin, irgendwann sagt, dass aus mir doch noch was geworden ist. Dieser Punkt scheitert daran, dass die meisten davon bereits tot sind. Aber offensichtlich sitzt ein solcher Wunsch nach Anerkennung und Wahrnehmung sehr, sehr tief.

Von Prüfungen und Prüfungsangst

Etwas, dass meinen gesamten Bildungsweg begleitet hat, ist Prüfungsangst. Ich verberge die gut, aber ich habe im Kopf was vor vielen Jahren mal ein Lehrer zu mir sagte:

> „Eine Prüfung mit einem leeren Blatt zu beginnen, ist psychologisch schwierig. Denn oft ist der Kopf auf einmal genauso leer wie das Blatt."

Und da ist was dran. Vor allem für Menschen wie mich, die erhebliche Schwierigkeiten haben, etwas auswendig zu lernen, dass sich nicht von allein erschließt.

Das gleiche gilt auch für Präsentationen und Vorträge, bei denen ich eine erhebliche Nervosität empfinde.

Denn es hilft nicht, zu wissen, was man weiß. Viel schlimmer ist zu wissen, was man alles nicht weiß. Und sich auch bewusst zu sein, dass man nur schlecht auswendig lernen kann.

Ich weiß nicht genau, wie ich das Schulsystem umbauen würde, wenn ich es könnte. Mir ist auch klar, dass es Schülerinnen und Schüler gibt, die wie ich lieber lange Aufsätze schreiben und denen gegenüber eben jene, die wunderbar auf den Punkt auswendig lernen und dann ihr Wissen aufs Blatt fließen lassen können. Ich würde mir nur wünschen, dass unser Bildungssystem sich dieses Unterschieds stärker bewusst wäre und darauf eine Antwort findet.

Es ist halt unfair, einen Affen und einen Fisch daran zu messen, wer schneller auf einen Baum klettern kann.

Ein Schulsystem, dass darauf Rücksicht nehmen kann, hätte in meinem Fall nicht nur bessere Noten zur Folge gehabt, sondern es hätte noch einen anderen Nebeneffekt gehabt:

Die Schule ist wichtig für das Selbstbewusstsein. Von daher ist es gefährlich, dort immer wieder gespiegelt zu bekommen, was man alles nicht oder nicht gut kann. Das liegt daran, dass die Bestätigung der Dinge, die man kann, nicht annähernd so intensiv und prägend ist.

Was ich damit sagen will: Hätte ich die Möglichkeiten gehabt zu zeigen, was ich kann, und wäre ich danach bewertet worden, und hätte ich nicht an Prüfungen teilnehmen müssen, die man als Beleg für das nimmt, was ich nicht kann, hätte mein gesamtes Leben einen anderen Weg genommen. Was für ein Satz.

Vom Selbstbewusstsein, das ich lange nicht hatte, bis zu der Chance wirklich zu überlegen, was man vielleicht beruflich einmal machen möchte.

Im Laufe der Jahre bin ich auch zu der Erkenntnis ge-kommen, dass meine Prüfungsangst einen unmittelbaren Bezug zu meinem Asperger-Autismus hat. Und durch diesen verstärkt wird. Aber dass es halt nicht nur daran liegt. Letztlich läuft alles darauf hinaus, dass man Sorge hat, dass die anderen erkennen, dass man einfach nicht gut genug ist. Weil man anders ist.

Vom Verkäufer zum IT-Architekten

Vielleicht ist das ein guter Punkt, einmal meine berufli-che Vita aufzuschreiben. Auch um zu zeigen, wie stark ich fremdgesteuert bin. Es kam vielleicht schon rüber, dass ich ohne den externen Impuls über den bekannten Fotografen nie an die FOM gegangen wäre und ohne den Impuls der notwendigen Veränderung nie an der HSPV gelandet wäre.

Als ich damals mit der Schule fertig war, hatte ich keine konkrete Idee, was ich werden wollen würde. Es schien aber völlig klar, dass ich im Einzelhandel lande. Dazu kam es aus einer Verquickung zweier Stränge:

Der eine ist schnell erzählt: Was sollte ich schon werden und ich arbeitete schon ein paar Jahre als Verkäufer. Es war also allen klar, dass ich im Einzelhandel bleiben würde.

Dass ich im Handel war, hatte aber einen ganz anderen Hintergrund. Und der hat wieder, vermutlich keine Über-raschung mehr an dieser Stelle, mit Computern zu tun.

Als ich so um die 15 oder 16 war, kaufte mein Opa mir einen Computer. Einen IBM PS/2 Model 30.[35] Der Deal war, dass ich den zurückzahlen sollte. Bitte nicht darüber wundern, in meiner Familie war sehr viel transaktional, nehmt es einfach hin. Wovon ich das zurückzahlen sollte, war damals nicht klar und vielleicht wurde es in Wahrheit auch gar nicht gefordert oder erwartet, sondern man wollte mir das Gefühl geben, dass ich mir Dinge erarbeiten muss.

Wie dem auch sei, an dem neuen Computer funktionierte die Maus nicht. Der Laden, aus dem der Computer war, war der „allkauf Foto Wesel". Ein Geschäft, dass damals auf analoge Fotografie spezialisiert war und ein Reisebüro hatte. Computer waren noch nicht sehr verbreitet, die Inhaberin hatte aber den richtigen Riecher, dass das ein Markt der Zukunft sein könnte.

Es wurde also für mich eine neue Maus bestellt und als ich dort war, um diese abzuholen, fragte ich, ob ich die ausprobieren könnte. Mit dem Rad waren es 20 oder 30 Minuten dorthin und ich wollte nicht noch mal hinmüssen. Die Inhaberin war grundsätzlich einverstanden, wusste aber nicht, wie man eine Maus anschließt oder testet.

Ich war so altklug zu behaupten, dass das kein Problem sei und ich das mit den ausgestellten Computern schnell könnte. Etwas zögernd stimmte sie zu und 5 Minuten später wussten wir beide, dass die neue Maus funktioniert. Daraus entwickelte sich ein Gespräch darüber, woher ich

---

[35] https://en.wikipedia.org/wiki/IBM_PS/2_Model_30

das kann, und endete mit dem Angebot, in den Sommerferien dort zu arbeiten.[36]

Hier passierten eine Reihe von Dingen, die vermutlich nicht vorhersehbar waren. Denn es gab im Computer-Bereich längst nicht genug zu tun, um den ganzen Tag damit zu verbringen. Also wurde ich auch im restlichen Geschäft eingesetzt und es stellte sich raus, dass ich Kameras ebenso intuitiv verstehe, wie Computer. Und ich bin zwar im Zwischenmenschlichen eine Niete, der Drang zum Erklären machte mich aber offensichtlich zu einem guten Verkäufer. Ich machte Karriere und war bald ein integraler Teil des Ladens und das nicht mehr nur in den Ferien, sondern auch an den Samstagen.

Für mich war das eine irre Zeit: ich verdiente nicht schlecht Geld, vermutlich mehr als all meine Mitschüler*innen und hatte Zugriff auf die neuste Hardware und Software. Was nicht selten dazu führte, dass mein Gehalt 1:1 in neue Computerteile oder Computerspiele floss.

Parallel dazu fühlte ich mich wie ein junger Gott: zahlreiche Kunden „buchten" mich dafür, bei Ihnen zu Hause Computer zu reparieren, erweitern, Betriebssysteme[37] zu installieren und so weiter.

Es war nicht nur, dass ich das alles intuitiv konnte und jedes Problem gelöst bekam, was mich so high werden

---

[36] Vgl. Daves Buch, Seite 22

[37] Damals war erst Microsoft DOS und dann Windows 3.1 das Ding, irgendwann ging es weiter zu Windows 95. Wir reden hier von teilweise dutzenden(!) Disketten, die mühsam nacheinander installiert werden mussten. Viele von Euch dürften die Begriffe DOS und Disketten jetzt erst mal bei Wikipedia nachschlagen.

ließ. Es war vor allem die Anerkennung, die ich dafür bekam. Das war eben der krasse Gegensatz zu meiner Mutter, meinem Stiefvater und der Schule.

Und so verbrachte ich zunehmend mehr Zeit im Laden als z. B. in der Schule. Wie man im Abschnitt zu meinem Abitur angedeutet lesen kann. Denn natürlich blieb es nicht bei den Samstagen außerhalb der Ferien.

Der Laden in Wesel war für lange Zeit ein zentraler Punkt in meinem Leben. Der sich auch in die digitale Transformation hineinzog, also dem Wechsel von analogen Kameras zu Digitalen.

Und so war auch eigentlich allen klar, dass ich das damalige Angebot annehmen würde, in einem allkauf FOTO eine Ausbildung zum Einzelhändler zu machen. Und es wäre auch fast so gekommen, wenn es nicht ganz anders gekommen wäre. Gekommen wäre es so, weil es logisch schien und ich keinen externen Impuls bekam, etwas anders zu machen.

Bis ich genau diesen Impuls in Form eines Briefes bekam: Die Einladung zur Musterung.[38]

Mit 18 musste ich also zur Bundeswehr. Damals gab es noch einen Wehrdienst und ich landete in Essen in einer Kaserne, die funktional zur NATO gehörte. Mit meinem Autoritätsproblem war das am Anfang nicht die Beste aller Zeiten, aber es bot sich die Möglichkeit

---

[38] Für die Jüngeren: Früher wurden alle „Männer" mit der Volljährigkeit gemustert, also gesundheitlich und geistig untersucht mit der Fragestellung, ob man sie zur Bundeswehr einziehen könnte und wenn ja, was sie dort machen sollten. Ausnahmen davon waren möglich, aber das war die Regel.

56

„Geschäftszimmersoldat", also sowas wie ein Sekretär, des Standortpfarrers zu werden. Dieser war eine sehr schillernde Persönlichkeit, die heute eine bemerkenswerte Präsenz auf Social Media hat.

In seinem Geschäftszimmer waren wir zu Dritt. Der Zweite im Bunde war auch ein Nerd wie ich und wir nutzten die Zeit, die uns zur Verfügung stehenden Computer zu vernetzen und Egoshooter, vor allem Doom, zu zocken. Der Dritte war vollkommen fehl am Platz, er hatte BWL studiert und einen Job bei einer Bank bekommen, als der Staat beschloss, ihn an der Waffe auszubilden. Er wollte also nur seine Zeit absitzen.

Die Bundeswehr an sich war absolute Zeitverschwendung. Ich war gut im Schießen, gewohnt schlecht im Sport und hatte gelegentlich Ärger mit den Vorgesetzten. Letzteres ging nur deswegen gut aus, weil der Standortpfarrer dort sehr viel eigene Macht hatte. Ich habe die Zeit montags bis freitags dort mit Zocken verbracht, war auf einer Soldaten-Wallfahrt nach Lourdes und samstags war ich beim allkauf. Und vermutlich wäre ich von der Bundeswehr ganz dorthin gewechselt. Siehe oben, Ausbildung und so.

Es ergab sich aber ein weiterer externer Trigger: Die Bezirksregierung Düsseldorf suchte Nachwuchsbeamte und ich wurde mehr oder weniger gedrängt mich zu bewerben. Zumal Soldaten bevorzugt eingestellt wurden.

Den Job nicht brauchend ging ich auch zum Einstellungstest, der wider Erwarten sehr gut war, und anschließend völlig entspannt in das Vorstellungsgespräch. Es hatte so oder so keine Konsequenzen. Unfähig eigene

Entscheidungen zu treffen, hätte ich halt bestanden und wäre Beamter geworden oder ich wäre durchgefallen und wäre Verkäufer geblieben. Letztlich war es genau das, was dazu führte, dass ich mich offensichtlich selbst so gut verkaufte, dass ich ein Einstellungsangebot erhielt.

So wechselte ich in den „Vorbereitungsdienst" und ich sag mal so: Das Niveau der „Ausbildung" im Institut für öffentliche Verwaltung (IÖV) in Hilden war nicht so hoch, dass ein durchschnittlich intelligenter Mensch Probleme bekommen würde. Allerdings lehnte ich damals auch ein Angebot ab, mich nochmal beim Land für ein Studium zu bewerben. Das hatte ich weiter oben schon ausgeführt, als ich über meine Studiengänge schrieb und warum ich nach der Schule nicht mal im Traum daran gedacht hätte, Akademiker zu werden.

Neben dem Unterricht am IÖV gab es praktische Abschnitte. Das Spannende damals war, dass ich in einer Übergangszeit in den öffentlichen Dienst kam, als man gerade Schreibmaschine und Fax immer weiter in den Hintergrund räumte. Und waren PCs in der Anfangszeit nur Substitute für Schreibmaschinen, begannen erste zaghafte Versuche, Netzwerke zu bauen und modernere Technologien wie E-Mail einzuführen. Damit stieß ich genau in eine Lücke, in der ich massiv gebraucht wurde. So arbeitete ich zum Beispiel damals mit an einem Computerprogramm, mit dem angehenden Lehrer*innen auf die zur Verfügung stehenden Seminarplätze für Referendar*innen verteilt werden konnten und nach „Sozialpunkten" zugeteilt wurden.

Das Lernen fand ich doof und langweilig, die Praxis machte aber überraschend Spaß. Und so hätte ich eigentlich angenommen, bei der Bezirksregierung zu bleiben. Gab auch keinen Grund was anderes zu machen: Die Arbeit war deutlich weniger intensiv als bei allkauf, dafür wesentlich besser bezahlt. Aber das Schicksal wollte offensichtlich was anderes für mich.

Und so bekam ich das Angebot, zu den damaligen ZPD zu wechseln. Die „Zentralen Polizeitechnischen Dienste" waren aus dem „Fernmeldedienst des LKA" hervorgegangen. Was genau die machten, konnte mir keiner so genau sagen. Aber auf der einen Seite würde man dort Menschen mit meinen Fähigkeiten brauchen. Und auf der anderen Seite sollten die ZPD absehbar von Düsseldorf nach Duisburg umziehen. Was meinen Arbeitsweg genau halbieren würde.

Und ich weiß noch genau, wie ich damals an meinem ersten geplanten Tag bei den ZPD aufschlug und der Leiter der Personalstelle mich freundlich begrüßte und fragte, was ich dort wolle. Meine Antwort, dass ich doch hier arbeiten würde, überraschte ihn. Er wusste nämlich nichts davon, dass ich komme. Er bot mir an, Platz zu nehmen, er würde sich drum kümmern.

Platz nahm ich, allerdings etwas länger als geplant. Ich wurde nämlich Teil der Personalstelle. Die Idee war, dass ich ja ein „normaler" Beamter war und auch normale Beamten-Dinge hätte tun können. Das war nicht in meinem Sinnen und so konzentrierte ich mich eher auf das, was ich konnte. Beispielsweise entwickelte ich auf Basis von Microsoft Office Anwendungen, die halfen,

Alltagsarbeiten zu erleichtern und Fristen zu halten. Ich automatisierte einfach, was zu automatisieren ging und half den Mitarbeiter*innen dabei, Serienbriefe zu erstellen, damals noch ein Novum, und andere praktische Dinge des digitalen Alltags zu erledigen.

Es dauerte auch nicht lange, bis ich von dort in die IT wechseln durfte. Allerdings brauchte es dafür einige Diskussionen: Denn der Chef meines Chefs war der Meinung, dass man junge Beamte wie mich nicht in Sonderschienen wie IT stecken durfte, weil man mich ja sonst nicht mehr herausbekäme und ich für den allgemeinen Verwaltungsdienst „verloren" wäre. Das ich nie den normalen Beamtenkram machen wollte, interessierte ihn ebenso wenig wie mein gesamter Background oder das, was ich halt gemacht hatte.

Allerdings gilt bei mir allgemein, dass es erstens anders kommt und zweitens, als man erwartet. So war es auch hier und es ergab sich die Möglichkeit, doch noch in die IT zu wechseln. Wo ich auch hingehörte.

Die ZPD, heute LZPD[39], sind ein zentraler Dienstleister für alles rund um die Technik der Polizei in NRW. Von Waffen über Fahrzeuge bis hin zu Computern. Ein Traum für jemanden, der nicht so gut mit Menschen kann, aber gut mit Computern.

Etwas unglücklich war vielleicht, dass ich zunächst im 1st-Level-Support eingesetzt wurde. Das sind die Menschen, die als erstes versuchen, ein gemeldetes Problem zu beheben. Das gelang mir zwar so gut wie immer, gab

---

[39] Landesamt für Zentrale Polizeiliche Dienste NRW

aber Stress mit meinem neuen Chef. Offensichtlich gab
es hier und da Klagen darüber, wie deutlich ich den Menschen sagte, dass das Problem vor der Tastatur sitzt. Und
vielleicht ist hier und da auch die Untertreibung des Jah-
res. [40]

Das wiederum führte dazu, dass mein damaliger Chef mir
eine schlechte Beurteilung schrieb.[41] ursächlich war zum
Teil, dass wir zwischenmenschlich nicht klarkamen. Ein
anderer Teil war mit Sicherheit mein nicht immer opti-
maler Umgang mit meinen Mitmenschen, der Klassiker
bei Autisten.

Die schlechte Beurteilung frustrierte mich zutiefst, sie
widersprach meinem Gerechtigkeitssinn und meiner
Überzeugung, dass IT eben zu den wenigen Gebieten gehört, auf denen ich echt gut bin. Es war so ärgerlich, dass
ich einfach aufhörte so zu arbeiten, wie ich es bisher gemacht hatte. Ich machte nur noch, was unbedingt nötig
schien, um nicht aufzufallen und ansonsten surfte ich im
damals noch recht jungen Internet. Und das Wunder geschah: Mit sehr viel weniger Arbeitsleistung, bekam ich
eine sehr viel bessere Beurteilung.

Es folgte das Angebot bei der Einführung einer Software
zur „Kosten- und Leistungsrechnung" mitzuwirken. Damals entschied sich das Land gegen den Platzhirschen

---

[40] Auch bekannt als „Fehler 30", bei dem die Fehlerquelle 30cm vom Monitor
entfernt ist. Nerds sagen auch „Level 8-Error" in Anlehnung an das ISO-
Schichte-Modell. Mir war halt nicht klar, dass man das vielleicht nicht unbedingt auch denen sagt, die es betrifft.

[41] Die Leistung von Beamten wird regelmäßig „beurteilt". Darüber wird unter
anderem die Beförderungsreihenfolge ermittelt. Insofern hatte die tatsächliche
Auswirkung auf mich.

SAP und für die Software M1 der Firma Mach aus Norddeutschland. Und natürlich wollte ich dabei sein.

Die Software lief, meiner Meinung nach, die ersten Jahre nicht gut, was an notwendigen Anpassungen lag, aber auch an Problemen mit der Serverumgebung, auf der sie betrieben wurde. Ich war Teil eines kleines IT-Team, dass dem eigentlichen Projekt unterstützend zur Seite stand und sich um die Probleme bei uns im Haus kümmerte. Meine beiden Kollegen waren auf ihre jeweilige Art seltsam und ich glaube, deswegen kamen wir so gut miteinander klar. Auch wenn wir nie Freunde wurden, sondern immer nur im dienstlichen Kontext miteinander zu tun hatten.

Aus diesem Job heraus ergab sich die Möglichkeit in ein weiteres Projekt zu wechseln, dass sich mit dem Informationsmanagement für Führungskräfte beschäftigte. Wesentlich vorangetrieben wurde es von einem unfassbar guten Entwickler, der eigentlich Polizist in Bielefeld war und über eine eigene Verwendung in der dortigen IT diese Nische für sich gefunden hatte. Als sein Projekt einen gewissen Reifegrad erreicht hatte, sollte es auf die gesamte Polizei in NRW ausgeweitet werden und aus IT-Sicht sollte ich zu den Leuten gehören, die es beim LZPD betrieben. Ich war der „Verfahrensverantwortliche", heute würde man sagen „Life-Cycle Manager".

Das Problem war nur: Nach der mehrjährigen und wahnsinnig spannenden Projektphase blieben für den Regelbetrieb nur sehr wenig Mitarbeiter übrig, darunter der Entwickler, der in Bielefeld verblieb, ich für die Einbindung ins LZPD und zunächst drei, später zwei Kollegen die die fachliche Arbeit, also den Aufbau eines auf dem System basierenden Controllings, betrieben. Der Entwickler entwickelte vor sich hin, die Fachlichkeit arbeitete vor sich hin und irgendwie… blieb für mich nicht mehr wirklich was übrig. Was auch daran lag, dass meine Rolle nicht sauber im Haus definiert war.

Das meinen Linienvorgesetzten klarzumachen, war schwerer als erwartet. Diese sahen, dass es in ganz NRW nur einen Mitarbeiter mit meinem Knowhow gab, und das stuften sie als kritisch für das „Unternehmen" Polizei ein. Weswegen meine Versuche mich versetzen zu lassen, abgelehnt wurden.

Erschwert wurde meine Situation dadurch, dass ich damals ernsthafte Probleme mit mir selbst hatte. Meine erste richtige Beziehung bestand nicht mehr, was folgte ist schwer zu erklären und wird ein eigenes Kapitel haben. Die Kurzfassung an der Stelle ist aber, dass ich keinen externen Input hatte, der mir damals geholfen hätte, mich neu zu orientieren und ich mich in einer ziemlichen Spirale nach unten befand.

Einen entscheidenden Impuls gab damals meine Hausärztin, die wohl ein Gespür dafür hatte, dass bei mir was nicht stimmt und nach einer längeren Beratung empfahl, einen Psychologen aufzusuchen. Sie nannte mir einen in meiner Stadt und dieser hatte Zeit.

Allerdings war das ein Desaster in jeder Richtung und ich glaube, ich hatte das Pech an jemanden zu geraten, der gerne viel Geld verdienen wollte, ohne echt dafür arbeiten zu müssen. Er verschrieb mir noch im ersten Termin Psychopharmaka, die ich allerdings nie genommen habe, die Liste der Nebenwirkungen war mir zu lang und zu bedrohlich. Und er war sich nach 30 Minuten sicher, dass ich an einem Burnout leide, und er schrieb mich erst mal krank. Heute kann ich sagen, dass das eine falsche Diagnose gewesen sein dürfte, weil es eher Boreout war. Ich arbeitete nicht zu viel. Ich hatte schlicht gar nichts zu arbeiten.

Mich sechs Monate aus der Arbeit zu nehmen, schien aus seiner Sicht vielleicht sogar richtig, war aber grundfalsch. Denn dadurch, dass er meinen Autismus und mein ADHS übersah und auch nie wirklich hinterfragte, warum ich war, wo ich war, stand ich jetzt da und hatte nicht mal mehr die Routine der Arbeit.

Ich saß zu Hause. Ich aß. Ich schlief. Ich schaute Pornos. Nach dem „Gefängnis Arbeit", war ich nun im Hausarrest. [42]

Schließlich war ich zwar wieder im Büro, wirklich etwas zu tun gab es aber immer noch nicht.

Durch einen Bekannten, den ich in einem Internetforum kennengelernt hatte und mit dem ich im Folgenden mehrere Jahre zusammenarbeiten sollte, ergab sich, dass mein Fokus sich stark Richtung Fotografie verschob.

Und über die Fotografie lernte ich den schon beschriebenen weiteren Bekannten kennen, der mich an die FOM brachte. Und da ich auf der Arbeit ja nichts zu tun hatte, habe ich dort einen Großteil der Arbeiten für das Studium erledigt.

---

[42] Während man krankgeschrieben ist, ist man ja die meiste Zeit zu Hause.

Meinen Beurteilungen tat das keinen Abbruch, ich hatte ja gelernt, dass man durchschnittliche Beurteilungen bekommt, wenn man nicht auffällt, und ich fiel in meinem Büro ja nicht auf, ich hatte ja kaum Interaktionen. Die gelegentlichen Termine, im Rahmen meiner Arbeit, hielt ich natürlich ein und erledigte das bisschen, das zu erledigen war.

Daneben ergab ich auch die Möglichkeit beim Landesamt für Ausbildung, Fortbildung und Personalangelegenheiten der Polizei (LAFP) in Münster als Dozent zu arbeiten. Ich studierte an der FOM, ich unterrichtete am LAFP, ich tat im Büro was notwendig war, und den Sonderling, der ich war, ließ man ansonsten in Ruhe.

Nach meinem Studium an der FOM wurde es allerdings noch mal richtig unangenehm für mich. Weil mit dem Ende des Studiums wegfiel, womit ich den Leerlauf im Büro zu ertragen gelernt hatte. Meinen Arbeitgeber interessierte mein Abschluss nicht im Sinne einer Beförderung und die Behörde wechseln durfte ich auch nicht. Gleichwohl ich es mehrfach versuchte. Es fiel mir zunehmend schwerer, mit den Seminaren am LAFP und den gelegentlichen Fotoshootings gegen dieses Gefühl der Gefangenschaft anzukommen. Meiner Psyche tat das nicht gut.

Zwischendurch hatte ich sogar Vorstellungsgespräche, unter anderem bei der Firma, von der unsere Kosten- und Leistungsrechnungssoftware stammte. Aber zu Wechseln getraut habe ich mich nicht, weil ich immer davon ausging, in der „freien Wirtschaft" nicht bestehen zu können, zu dumm dafür zu sein. Somit reduzierten sich meine Optionen zusehends.

Auch hier habe ich wieder keine Ahnung, wie sich mein Leben entwickelt hätte, wenn sich dann nicht die Exit-Strategie über das Studium an der HSPV angeboten hätte.

Während des Studiums an der HSPV konnte ich sowohl im Landtag als auch im Innenministerium NRW (IM) Praktika absolvieren. Somit war für mich die direkte Landesregierung, der Landtag, oder eben das Innenministerium ein möglicher Exit aus der Polizei.

Und tatsächlich konnte ich mich erfolgreich auf eine Stelle beim IM Bewerben. Was gar nicht so einfach war, denn inzwischen wusste ich durch die Diagnosen von meinen Besonderheiten und konnte mich besser auf den Vorstellungstermin beim IM vorbereiten, hatte aber auch Sorge als komisch aufzufallen.

Meine Vorbereitung wurde jedoch völlig ad absurdum geführt, als ich im Ministerium für das Vorstellungs-gespräch ankam und erfuhr, dass der Termin per Videokonferenz durchgeführt würde.

Wissend, dass ich erhebliche Defizite im sozialen Kontakt habe, war ich in Panik: Mein Regelheft sah so etwas nicht vor. Das Glück ist aber ja bekanntlich mit den Dummen und gefühlt war ich ja sehr dumm und so kam viel Glück in Form von drei unerwarteten Faktoren zusammen:

Das Erste war, dass mein neuer Chef mich haben wollte und beim Gespräch dabei war. Das Zweite war, dass die Vertreterin der Gleichstellungsbeauftragten ausgerechnet eine Kollegin war, mit der ich bei den LZPD in meinen ersten Jahren gemeinsam gearbeitet habe: Sie war Sachbearbeiterin in der Personalstelle des ZPD. Und als wäre das alles noch nicht genug Glück, saß als Personalverantwortliche ausgerechnet die Frau in der Auswahlkommission, die mich damals bei der Bezirksregierung eingestellt hatte.

Trotzdem war ich nach der Videokonferenz vollkommen down. Ich war sicher, mich vollkommen blamiert zu haben und dass alle gemerkt hätten, wie dumm ich bin.[43]

Also schrieb ich der Personalstelle des Innenministeriums eine E-Mail, dass für die Möglichkeit zur Vorstellung sehr dankbar sei und dass ich davon ausgehen würde, dass ich nicht genommen würde. Ich erklärte ausführlich, warum ich das dachte, und bat darum, in zukünftigen Verfahren Bewerber*innen im Vorfeld über solche Änderungen zu informieren. Damit vielleicht jemand anders nicht so doof dastehen würde.

Es folgte ein Rückruf, dass man nicht bedacht habe, dass eine Umstellung von einem Vor-Ort-Termin auf eine Videokonferenz für manche Menschen ein echtes Problem sei. Und man sich dafür entschuldige. Aber ob ich vielleicht doch kommen wollen würde, denn eigentlich hätte man sich für mich entschieden. Verstand ich zwar nicht, fand ich aber gut.[44]

---

[43] Mir ist erst beim Schreiben, bzw. ersten Lesen aufgefallen, wie oft ich betone, dass ich mich dumm gefühlt habe. Das dürfte einen guten Eindruck davon vermitteln, wie tief so etwas sitzen kann, wenn es sich erst einmal in der Seele eingenistet hat.

[44] Tatsächlich war das das erste Mal, dass ich in einer Mail meinen Autismus erklärt habe. Nie im Leben hätte ich erwartet, dass das zu einer solchen, für

Und so landete ich im Innenministerium. Wo ich, während ich das hier schreibe, mit meinen Kollegen für die IT-Architektur unseres Hauses und des nachgeordneten Bereiches verantwortlich bin.[45] Mit deutlichen Berührungspunkten auch wieder zur Polizei NRW. Stephen King liebt es zu schreiben, dass das Schicksal ein Rad sei. Ich würde sagen, zumindest auf meinen beruflichen Werdegang trifft das ganz gut zu.

Zusammenfassend kann man also sagen, dass ich es geschafft habe, von einem gemobbten Schüler, dem niemand eine Zukunft zutraute, zu einem leidlich erfolgreichen Menschen zu werden, der sowohl in der Arbeit, der Politik als auch in seinen Hobbys durchaus ambitionierte Ziele erreichte. Und was für mich wichtig ist, wenn ich an meine Mutter und meinen Stiefvater denke: ich habe nicht nur inhaltlich etwas erreicht, sondern auch finanziell. Es mag sich bescheuert lesen, aber zu wissen, was ich Wert bin und das ich etwas wert bin, ist wahnsinnig wichtig für mich.

Politik für Rechthaber

Neben dem ersten Studium hatte ich nämlich noch ein zweites „Hobby" angefangen, das mir half, die Unterforderung in meinem Job bei der Polizei zu kompensieren: Politik.

---

mich unerwartet positiven, Rückmeldung führen würde. Und woraus ich lernte, dass es sehr sinnvoll sein kann, im Vorfeld schon darauf hinzuweisen.
[45] Organisatorisch sind wir als Innenministerium NRW bei der Digitalisierung auch für die Aus- und Fortbildungseinrichtungen des Landes NRW und die fünf Bezirksregierungen zuständig.

Als jemand, der gerne und viel logisch denkt, war Politik für mich oft ein Siegel mit sieben Büchern. Es war mir vollkommen unklar, wie Entscheidungen getroffen werden und von wem. Ich weiß nicht mehr genau, welches Ereignis es in meiner Heimatstadt war, aber irgendetwas triggerte mich so stark, dass ich abends beschloss, dass ich das besser kann. Und besser machen will. Also nahm ich Kontakt mit der SPD auf. Damals war für mich schon klar, dass CDU und FDP ausscheiden. Die SPD ihrerseits hörte sich meine Ideen und Vorstellungen an und war so nett, mir zu sagen, dass ich zu progressiv wäre. Das war lustig. Aber man gab mir den Tipp, es doch mal bei den Grünen zu versuchen.

Also wurde ich Grüner. Denn als sehr kleine Partei und Fraktion war man dort froh über jeden Menschen, der sich politisch mit einbringen wollte. Auf der anderen Seite stand für mich der Vorteil, dass man in kleinen Parteien als „der Neue" vermutlich schneller Fuß fassen kann, als in den größeren Vereinigungen. So war es dann auch.

Viele bei den Grünen hatten ein recht hohes Lebensalter oder waren schon lange dabei und ich war ja noch vergleichsweise jung und unverbraucht. Somit war anzunehmen, dass sich in den nächsten Jahren viel personell verändern würde. Entsprechend steil lief meine „Karriere", die mich zwischendurch zum Vorsitzenden des Ortsverbands machte und über die Stationen des Sachkundigen Bürgers[46]   und   Ratsmitglieds   schließlich   zum

---

[46] Sachkundige Bürger*innen sind Menschen, die nicht in den Rat gewählt wurden. Sie unterstützen die Fraktionen bei der politischen Arbeit und können für die Fraktionen auch an Ausschüssen teilnehmen.

Fraktionsvorsitzenden führte. Einen Job, den ich bis 2022 für die Grünen ausübte und danach parteilos für eine unabhängige Fraktion.

Politik ist für Autisten ein schwieriges Umfeld. Was mich und meine Geschichte angeht, musste ich früh lernen, dass es Dinge gibt, die ich sehr gut konnte:

Podiumsdiskussionen zu beherrschen war ein leichtes, da ich die Dinge, die die politischen Mitbewerber sagten, oft schnell verarbeiten und in Antworten umsetzen konnte. Diskussionen mit jungen Menschen liefen immer gut, was vor allem wohl auch an meinem schwarzen Humor lag, sicherlich aber auch daran, dass ich zu den wenigen Politikern gehörte, die ehrlich waren. Und den Menschen die Wahrheit zutrauten. In den Folgejahren wurde ich daher für einige Mitspieler in der Politik, allen voran für die CDU, auch zum Lieblingsfeind. Es wurde alles versucht, mich mal vorzuführen oder so zu erwischen, dass ich einen Rückzieher machen muss. Ich kann mit ein wenig Stolz sagen, dass nichts davon gelang und auch die wenig verhohlenen Drohungen mich rechtlich zu belangen oder sich bei meinem Arbeitgeber zu beschweren, rangen mir meist nur ein Lächeln ab. Und Du weißt, dass Du gewonnen hast, wenn in Ratssitzungen vor Beginn Ausdrucke, also richtig auf Papier, eines Blogbeitrags an die Mitglieder der CDU-Fraktion verteilt werden.

Dem gegenüber standen aber halt auch die Elemente der politischen Arbeit, die nicht in meine Welt passten: so gut ich zum Beispiel auf Veranstaltungen in Schulen ankam, so schlecht gelang es mir mit älteren Wählerinnen und

Wählern zu kommunizieren. Mein Eindruck ist, dass das vor allem an drei Effekten lag:

Dem mit steigendem Alter steigendem Unwillen die Wahrheit zu hören, ebenfalls zunehmender Angst vor Veränderung und die abnehmende Fähigkeit, die eigene Rolle zu reflektieren.

Mir ist klar, dass ich damit unterstelle, dass es kein Sender-Problem war, sondern eines auf Seiten der Empfänger*innen meiner Botschaften. Aber so ist halt mein Empfinden: Ältere Menschen wollen Änderungen nur bei anderen und ihren Status Quo stets erhalten wissen und sehen sich durchgehend im Recht. Insofern ist es besonders bedauerlich, dass Politik von alten weißen Männern dominiert wird.

Das war auch ein Grund dafür, dass ich zu Beginn meiner Zeit als Fraktionsvorsitzender gesagt habe, dass ich diesen Job maximal 2 Legislaturperioden machen werde. Macht und Geld korrumpieren und beides hast und bekommst Du als Fraktionsvorsitzender reichlich. Ich habe viele Menschen gesehen, die den richtigen Punkt verpasst haben, ein Amt aufzugeben. Auch um jungen Menschen die Chance zu geben. Vor allem aber um die Fallen des Alterns zu vermeiden, über die sie selbst zuvor noch gerne gelästert haben. Menschen, die an ihren Plätzen klebten und nicht bereit waren, Funktion und Einfluss abzugeben. Ebenfalls mit etwas Stolz kann ich sagen, dass ich dieses Versprechen mir gegenüber, nur zwei Perioden zu machen, einhalten werde: Im Jahr 2025 steht die nächste Kommunalwahl an und es steht jetzt schon fest, dass ich nicht mehr antreten werde.

Die Grünen habe ich aus verschiedenen Gründen schon vorab verlassen. Das ist auch ein Punkt, der mich sehr nachdenklich macht: ich hatte das große Glück, bei beiden Wahlen, in denen ich in der Fraktionsverantwortung stand, die Fraktion deutlich vergrößern zu können, weil wir gute Wahlergebnisse erzielten und ich viele neue Menschen für eine Tätigkeit als Sachkundige Bürger*innen gewinnen konnte.

Meine Hoffnung war, dass das kein Effekt ist, der an mir hängt. Leider sieht es aktuell so aus, als sei es genauso gewesen. Das könnte schmeichelnd sein, weil ich denken könnte, dass ich der Macher war. Das Gegenteil ist aber der Fall: Politik sollte Teamplay sein und stets an der Sache orientiert. Wenn es jetzt aber so ist, dass die Grünen so gut dastanden, weil ich die Fraktion geführt habe, ist genau das Gegenteil der Fall. Ein Punkt, den ich, vermutlich irritierenderweise, nicht einfach gut finden kann. Denn dann habe auch ich nichts dauerhaft ändern können. Insofern bin ich auf die nächste Kommunalwahl im Herbst 2025 sehr gespannt.

Der zweite Punkt ist der, dass ich mit den zwischenmenschlichen Ränkespielen niemals klarkam. Wenn man mich als Parteivorsitzenden sabotieren wollte, war ich der Letzte, der davon was mitbekam. Wenn es um Listen für Wahlen ging, hatte ich auf Landes- und Bundesebene keine Chancen, weil mir die Netzwerke fehlten. Und ja, das war auch bei den Grünen sehr dominierend: Über Erfolg oder Misserfolg haben nicht Ambition und Leistung entschieden, sondern soziale Netzwerke und Absprachen in kleiner Runde.

Auch dieser Part war etwas, in dem ich nicht gut genug war, was sicherlich auch dazu beitrug, dass ich nie wirklich eine Chance hatte, in den Land- oder Bundestag einzuziehen.

Tatsächlich war Politik auch ein Bereich, in dem ich richtig wütend werden konnte. Emotionen sind bei mir sehr selten ausdrucksstark, aber wenn, dann oft brutal. Und so war es auch in der Politik, wenn ich das Gefühl hatte, das etwas nicht richtig war oder meinem sehr stark ausgeprägten Sinn für Gerechtigkeit zuwiderlief. Einerlei, ob in meiner Partei oder bei den Mitbewerbern. Ich konnte sowohl auf grünen Veranstaltungen toben als auch im Rat.

Etwas, das mich aber durchgehend in meiner Zeit in der Politik begleitet hat, ist die Unfähigkeit zu verstehen, warum Politiker so viele Entscheidungen gegen das Allgemeinwohl treffen.

Der logische Teil in mir weiß, dass sie das tun, um eigene Vorteile zu generieren. Aber ich denke dann immer, ob ihnen nicht klar ist, welche Folgen ihr Handeln hat und ob sie das wirklich alles immer in Kauf nehmen. Ich bin in den 80ern mit der Vorstellung aufgewachsen, dass wir dereinst das Universum kolonisieren werden und es Weltfrieden gibt. Die aktive Politik ist da wie ein Realitätscheck. Wenn ein Fraktionsvorsitzender, selbst Landwirt, den Einfluss von CO_2 auf den menschengemachten Klimawandel negiert, um sich und seinen Buddys politische Vorteile zu verschaffen und dann in der Presse über die Bundesregierung jammert, weil die nicht genug macht, um ihm gegenüber den Schaden aus dem

Klimawandel zu kompensieren, kriege ich das nicht verarbeitet. Politik besteht leider zu einem großen Teil aus Show und Lügen. Und wenn nicht Lügen, dann eben Fakten, die man den Wähler*innen lieber verschweigt.

Familie

Ich möchte aber noch mal einen Schritt zurück machen und über einen großen und wichtigen Block sprechen, den ich am liebsten komplett aus meinem Leben verdrängen würde: dem Einfluss von Familie. Dabei sind mein Aufwachsen und mein familiäres Umfeld sicherlich nicht repräsentativ, aber für mich war es sehr prägend. Angedeutet habe ich das schon mehrfach.

Mein familiäres Umfeld würde man heute als „Patchwork" bezeichnen. Geboren wurde ich als uneheliches Kind einer alleinstehenden Frau, damals in den 70ern noch fast ein Skandal und so habe ich die erste Zeit meines Lebens mit meiner Mutter bei ihren Eltern, meinen Großeltern verbracht.

Leider entschied meine Mutter dann, einen Mann zu heiraten, wie man ihn nicht als Stiefvater haben wollen würde. Zunächst bekamen die beiden eine Tochter, also „sein" Kind. Dass ich nicht Teil der Familie in seinem Sinn war, war schnell deutlich. Zudem war er Alkoholiker und neigte zu Gewalt. Der Tochter folgten noch Söhne, und zwar immer dann, wenn es sonst zu einer Trennung gekommen wäre.

Die finanziellen Verhältnisse kann man allenfalls als bescheiden bezeichnen. Und ich habe, vermutlich aus Gründen des Selbstschutzes, nur sehr wenige

Erinnerungen, auch an die Zeit, als ich mit meiner Mutter und ihrem Mann in Duisburg lebte. Der große Vorteil für mich war, dass das Haus meinen Großeltern gehörte und neben 2 normalen Wohnungen auch eine Ein-Zimmer-Wohnung enthielt, die ich bezog. Zu einem späteren Zeitpunkt bin ich wieder zurück zu meinen Großeltern gezogen. Die Zeit dazwischen war aber alles andere als angenehm und ist halt geprägt davon, dass ich miterleben durfte, wie seine Kinder von ihm und auch meiner Mutter mit Gewalt und Schlägen „erzogen" wurden. Ich bin heute sicher, dass ich nur deswegen nicht direkter Teil dieser Gewalterfahrung war, weil ich den Bezug zu meinen Großeltern hatte. Aber sehr gut in Erinnerung ist zum Beispiel, dass er mich mal aus dem Urlaub abholte und stockbesoffen war. So betrunken, dass wir von der Polizei angehalten wurden und er nicht weiterfahren durfte, bevor er nicht in einer Zelle (!) ausgenüchtert hatte. Die dominierende Erinnerung ist allerdings nicht er, sondern wie geradezu liebevoll sich die Polizistinnen und Polizisten der Nachtschicht um mich gekümmert haben.[47]

Mein Stiefvater war, das muss man so sagen, in allen Lebensbereichen ein Versager. Meine Mutter wäre vermutlich unauffällig gewesen, aber das Problem lag unter anderem darin, dass er quasi keinen Job länger als ein paar Tage behalten konnte und sie als Krankenschwester für die Familie aufkommen musste. Eine Möglichkeit, mehr zu verdienen, waren Nachtschichten. Sie ging also nachts arbeiten und schlief den meisten Teil des Tages, während

---

[47] Ist es nicht Merkwürdig, wie Polizei sich seit klein auf durch mein Leben zog und zieht und ich trotzdem nie Polizist wurde oder werden wollte?

er sich um die Kinder „kümmerte". Wenn sie dann nachmittags wach war, war das auch nicht unbedingt besser.

Neben dem Alkohol bei ihm waren beide sehr starke Kettenraucher. Auf dem Wohnzimmertisch stand immer eine offene Schatulle mit hunderten Kippen. Selbst gestopft, war billiger. Das ist auch eine der dominanten Erinnerungen: wie sehr die Wohnung stank. Im Gegenzug dazu war es z. B. um die körperliche Hygiene nicht so gut bestellt. Ein weiterer Punkt, bei dem ich glaube, dass mich das stärker beeinflusst hat, als ich damals erwartet hätte – ich dusche sehr oft.

Leider war es damals so, dass bei einem familiären Bild, wie bei meiner Mutter, Kinder bei der Hochzeit den Namen des Mannes bekamen. Ohne gefragt zu werden. Meine Vermutung ist, dass damit vertuscht werden sollte, dass es nicht das eigene Kind ist. Was dem damaligen Familienbild halt massiv widersprach. Leider ist es mir bis heute nicht gelungen, den Namen wieder loszuwerden, es zeichnet sich aber 2025 eine Änderung im Namensrecht ab, die das möglich machen könnte.

Interessant ist, dass ich komplett anders aufwuchs als meine Stiefgeschwister. So war ich zum Beispiel schon früh eine Leseratte und mein größter Schatz war meine Jahreskarte der Stadtbücherei. Und ich entwickelte schnell eine Vorliebe für Computer.

Was auch daran lag, dass ich sehr früh, vielleicht so mit 12 oder 13 Jahren, meinen ersten Computer bekam. Einen der legendären Schneider CPC 464. Das war insofern doppelt wichtig, weil mein einziger „Freund" im Haus nebenan wohnte und sein großer Bruder die größere

Version, den CPC 6128 besaß. Während mein Freund mit mir Fußball spielen wollte, vermutlich weil ich so schlecht war, wollte ich lieber mit seinem Bruder an den Computer.

Damit ist die zweite dominierende Erinnerung an die Zeiten im Haus meiner Mutter die, dass ich entweder las, am liebsten weitere Teile langer Buchserien, oder am Computer saß. Für die Schneider CPC gab es damals nicht so viele Spiele, ich hatte nur eines, das mich interessierte. Stattdessen brachte ich mir bei, mit dem eingebauten BASIC zu programmieren und schrieb zum Beispiel eine Software zum Vokabeln lernen. Vokabeln lernte ich damit nicht, aber offensichtlich programmieren.

All die Absätze, die ich jetzt geschrieben habe, haben dabei eigentlich nur den Zweck den eigentlichen Teil dieses Kapitels zu vermeiden. Den Teil, in dem ich schreiben muss, dass mein Stiefvater mir gegenüber seinen Hass nur selten verbarg und mir ständig erzählte, dass ich zu nichts tauge. Meine Mutter war nicht besser, schon als Kind eher „stabil" hatte sie primär das Ansinnen, mir zu erklären, dass ich dick, faul und doof bin.

Es wäre ein Leichtes, es damit abzutun, dass die beiden keine guten Menschen waren. Es liegt aber auch zu einem großen Teil daran, dass ich anders war als andere Kinder in meinem Alter.[48] Mir machte wenig Spaß, was meinen Mitschüler*innen Spaß machte und die Dinge, die mich fesselten, sorgten eher für Befremden. Eine richtige

---

[48] Wieder die Gefahr der Täter-Opfer-Umkehr. Mein „Dasein" war nicht falsch, es trug aber zur Eskalation bei, weil meine Reaktionen auf den Druck anders waren, als erwartet. Was wiederum zu mehr Druck führte.

Kind-Eltern-Kommunikation gab es nicht und die Dinge, die ich kann und weiß, musste ich mir anderweitig erarbeiten. Oder abschauen. Was schon mal zu kuriosen Situationen führte, wenn ich meinen Opa fragen musste, ob er mir zeigen kann, wie man sich rasiert.

Mein Stiefvater starb früh an den Folgen des Trinkens und Rauchens. Die Nachricht über seinen Tod nahm ich mit Erleichterung auf. Ich weiß, dass es ein schlechter Charakterzug ist, aber mein erstes Empfinden war „endlich". Meine Mutter starb an den Folgen des Rauchens auch ebenfalls recht jung, ich bekam das auf Umwegen mitgeteilt und die Todesurkunde per Post.

Damit endete eine Phase, in der es vieles gibt, dass ich zeitlich und inhaltlich nicht zuordnen kann. So habe ich vermutlich mehr Zeit mit meinen „Eltern" verbracht, als mein Gehirn sich und mir eingestehen will. Das alles ist aber rückstandslos gelöscht, ich könnte die beiden nicht mal mehr beschreiben. Und es ist einer der Punkte, an denen ich ganz froh bin, mich nicht zu erinnern.

Unzweifelhaft ist mein Elternhaus aber auch verantwortlich an Zügen, die ich heute habe. Wobei ich denke, dass ich oft ins Gegenteil verkehrt bin: ich lege sehr viel Wert auf Hygiene und auch darauf, finanziell gut dazustehen. Und auch in einem anderen Punkt trifft das vermutlich zu: ich war schon immer davon überzeugt, dass ich keine Kinder will. Das sind die offensichtlichen Teile.

Es gibt aber auch einen weniger offensichtlichen Teil: die ständigen Selbstzweifel, die Überzeugung nicht gut genug zu sein, die Angst als Loser oder dumm erkannt zu werden. Auch wenn der rationale Teil von mir weiß, was es damit auf sich hat, kann ich es nicht loswerden. Daher auch mein Streben nach Anerkennung und der Wunsch wahrgenommen zu werden – und zwar positiv.

Im krassen Gegensatz dazu stehen meine Erfahrungen mit meinen Großeltern, allen voran meinem Opa. Aus dem Verhalten meiner Tanten bei seinem Tod kann ich schließen, dass es mit ihm nicht immer einfach war. Meine Erfahrungen jedoch waren, dass er und meine Oma sich sehr gut um mich kümmerten, in allen Lebensbereichen. Und mein Opa mir vorkam wie ein wandelndes Lexikon, das einfach alles weiß und damit der genaue Gegensatz zu meinem Stiefvater. Zu den wenigen richtigen Erinnerungen gehört vor allem die, als ich ihn am Strand der Insel Föhr fragte, woher er eigentlich so viel weiß. Und er mir sagte, dass ich das auch eines Tages würde und dass das nicht wirklich schön ist.

Er war Kriegsversehrter und über seine Rolle in Nazi-Deutschland weiß ich nichts, außer dass er französischer Kriegsgefangener war und eine Schusswunde erlitt, die Zeit seines Lebens nicht heilte. Das ist insofern bemerkenswert, als das ich eine sehr starke politisch linke Prägung habe. Mich aber für die einzelnen Beteiligungen in der NS-Zeit nie interessiert habe. Bei niemandem. Warum das so ist, weiß ich nicht. Vielleicht wollte ein Teil von mir nie fragen, weil ich die Antwort nicht hören wollte. Vielleicht ist es aber auch schlicht ein Thema außerhalb meines Fokus, weswegen ich nie auf die Idee kam.

Insgesamt haben meine Oma und mein Opa einen wesentlichen Anteil daran, dass ich heute bin, wer ich bin, und ich glaube, dass ohne sie und die Möglichkeiten, die sie mir boten, vieles anders gelaufen wäre. Schon allein deswegen, weil ich niemals in Wesel angefangen hätte zu arbeiten. Ich weiß auch nicht, was genau dazu geführt hat, dass ich wieder ganz zu meinen Großeltern gezogen bin, entweder weil ich es nicht mitbekam oder weil ich es gründlich vergessen habe.

Tatsache ist aber, wäre ich ohne meine Großeltern aufgewachsen, säße ich jetzt nicht hier am Strand eines Luxus-Hotels auf Kreta und würde diese Zeilen tippen. Vermutlich wäre ich eher im Knast oder hätte mir schon das Leben genommen.

Das klingt dramatisch, soll aber auch zum Ausdruck bringen was für eine Hölle es sein kann, in zerrütteten Familienverhältnissen als autistisches Kind aufzuwachsen, von dem niemand weiß, dass es ein Mensch mit Autismus ist. Sondern als Kind, dass die eigenen Eltern für mehr oder weniger geistig behindert halten dürften und in meinem Fall als Unfall ansehen, der nicht hätte passieren dürfen.[49]

In den 70ern und 80ern war Autismus kein wirkliches Thema und als es eines wurde, wie mit dem Film Rain Man, kam vermutlich niemand auf die Idee, wie viele Kinder, so wie ich, wirklich betroffen sein könnten. Besonders wenn sie als Asperger hoch funktional waren, wie ich. Ich mag mir kaum vorstellen, für wie viele Kinder das ein Martyrium war und wie viel Potential wir als Gesellschaft verschwendet und verloren haben, weil

---

[49] Ohne Frage gilt das allerdings auch für Kinder ohne Autismus.

diese Kinder, anders als ich, keine Möglichkeit hatten, sich positiv zu entwickeln.

Freunde

Für Menschen wie mich, ist es sehr schwierig, Freunde zu finden. Eigentlich ist nicht das Finden ein Problem, denn dank Masking können Autisten eigentlich sehr gut darin sein, auf Menschen interessant zu wirken. Das Problem ist das aufrecht erhalten von Freundschaften. Und das Entwickeln selbiger.

Sicherlich liegt ein Teil der Schwierigkeit darin, dass Autisten wie ich nicht verstehen, was ihre Freunde von ihnen erwarten. Woher soll ich auch wissen, ob ich mich melden muss oder darauf waren soll, dass der andere sich meldet? Woher soll ich wissen, was zu viel Kontakt ist und was zu wenig? Wie soll ich die Abstände zwischen Anrufen, Mails und Treffen richtig einschätzen, wenn ich selbst kein Zeitgefühl habe?

Bei mir selbst kann ich die Freunde, die ich hatte, an wenigen Fingern abzählen. Davon ist allerdings mit einer Ausnahme niemand mehr Teil meines Lebens. Die Freundschaften, um die es mir am meisten leidtut, sind die Gleichaltrigen. Was daran liegt, dass ich wie viele Menschen mit Asperger-Syndrom eher ältere Freunde habe und jüngere Freundinnen.

Warum das so ist, weiß ich nicht[50]. Es mag sicherlich damit zu tun haben, dass Autisten sich langsamer entwickeln als andere und das ist etwas, dass ich gut

---

[50] Vgl. https://www.youtube.com/watch?v=wQTSqC-GijY

nachempfinden kann. Auch wenn das nicht einfach einzugestehen ist.

Vielleicht ist das einer der Gründe, warum Freundschaften zum gleichen Geschlecht und im gleichen Alter so schwierig sind: Man hat grundsätzlich andere Interessen. Dass ich älterer Freunde hatte und habe, schiebe ich mal darauf, dass diese oft „intelligenter" wirken, was an ihrer Lebenserfahrung liegen dürfte. Und wenn ich über meine Jugendfreunde nachdenke, vor allem an zwei mit denen ich, für meine Verhältnisse, recht lange befreundet war: Haben die rückblickend beide nicht auch starke Anzeichen für Asperger gezeigt? Beide eher Einzelgänger, die nur schlecht mit gleichaltrigen Mitschülern Verbindungen aufbauten, beide so nerdig wie ich? Vielleicht will ich das auch nur als Erklärung haben.

Das alles ist kein Problem für mich, weil ich sehr gut mit mir alleine zurechtkomme. Auf der anderen Seite weiß ich aber natürlich, dass das dann wieder den Eindruck des Eigenbrötlers macht, der sich von der Gesellschaft abschottet. Und ich kann auch zugeben, dass ich natürlich auch gerne ab und an mal von einem Freund angerufen werden würde, ob wir spontan was unternehmen wollen.

Persönliche Entwicklung

Zu der Frage der Freundschaften gehört auch die Frage der persönlichen Entwicklung. Und das ist bei Asperger ein schwieriges Thema. Ich persönlich würde sagen, dass Asperger in bestimmten, vor allem intellektuellen

Themen, frühreif sein können.[51] Gerüchte sagen nämlich, dass ich schon immer ein altkluger Besserwisser war.

Dem gegenüber steht, wieder aus eigener Erfahrung, die Tatsache, dass in einigen Belangen das „Reifen" erst sehr viel später einsetzt oder wirksam wird. Das trifft emotionale Themen wie zum Beispiel („Liebes"-) Beziehungen genauso, wie auch die Fähigkeit mit alltäglichen Situationen umgehen zu können.

Das Aufbauen des notwendigen Regelheftes im Kopf geht eigentlich nur über Erfahrung.[52] Und die Erfahrungen muss man erst mal sammeln, bis es dann irgendwann z. B. mal mit einer Freundin funktioniert. Vielleicht ist das auch der Grund dafür, dass viele Asperger introvertiert sind oder wirken.

Es ist aber auf jeden Fall ein Grund für ein „repeat-your-past"-Muster, das ich auch an mir selbst entdecke:

Haben mir Dinge gefallen oder ist mir etwas gelungen, bin ich geneigt, das zu wiederholen. Ein Beispiel dafür ist, wenn ich durch Kanada reise. Ich habe praktisch immer die gleiche Reiseroute bzw. die gleichen Destinationen. Begründen kann ich das immer einfach mit der Aussage, dass das halt die schönsten Orte sind. Aber in Wahrheit wiederhole ich einfach nur, was mir seit Kindheit positive Gefühle vermittelt hat. In der Hoffnung auf die gleichen positiven Gefühle.

Dass ich langsamer erwachsen wurde, sieht man vermutlich auch daran, dass ich ernsthafte Probleme habe, das

---

[51] Vgl. https://www.youtube.com/watch?v=_w5Uk0JslQc
[52] Vgl. Daves Buch, Seite 200

Alter, das ich habe, zu akzeptieren. Manch einer mag vorbringen, dass der Grund dafür ist, dass meine Freundinnen jünger sind als ich. Es geht aber tiefer. Es geht dahin, dass ich jetzt Unternehmungen durchführe, die ich vielleicht vor 10 oder gar 20 Jahren schon hätte machen können oder müssen. Ich kann mich da rausreden mit den jeweiligen Partnerschaften, die Wahrheit dürfte aber sein, dass mir manche Dinge einfach noch nicht in den Sinn kamen.

Bei all den emotionalen Themen, bei denen ich Spätzünder sein dürfte, stechen allerdings zwei Dinge deutlich abweichend hervor: Ich wusste schon sehr früh, dass ich nie heiraten werde und nie Kinder bekommen werde.

Das erste lässt sich vermutlich auf das Scheitern meiner ersten richtigen Beziehung zurückführen. Vermutlich, so genau kann ich das nicht sagen, wollte ich ein „normales" Leben führen. In dem man auch heiratet, Kinder kriegt und alles, was dazu gehört. Einer der Beweggründe dürfte gewesen sein, dass meine eigene familiäre Herkunft da ganz anders war. Und natürlich war das eine schön einfache Regel. Vermutlich bin ich aber dahingehend „Beziehungsunfähig".

Das mit den Kindern ist ein anderes Thema: Fast hätte ich geschrieben, dass ich keine glückliche Kindheit hatte. Das wäre aber eine falsche Bewertung, richtiger wäre zu sagen, dass ich keine normale Kindheit erlebt habe. Wobei ich als Normal den Standard anlegen würde, den ich bei anderen wahrnehme. Dazu kommt, dass ich so viel mit mir selbst beschäftigt bin und heute nicht weiß, wo ich morgen stehe, und dass ich mich mit der Frage der

Verantwortlichkeit auseinandersetzen musste. Wäre ich jemand, dem ich ein Kind dauerhaft anvertrauen würde? Eher nicht.

Und das Verrückte ist: Fragt man Leute in meinem Umfeld, wissen die unter anderem zu berichten, wie viele verschiedene Dinge ich in meinem Leben ja schon gemacht habe. Das steht vordergründig im Widerspruch dazu, dass ich sage, dass bei mir alles erst später stattfindet als bei anderen. Wenn man genau hinschaut: Tatsächlich sage ich selten Nein, wenn sich eine neue Möglichkeit bietet. So war ich auch mit 45 das erste Mal Fallschirm springen.[53] Nicht, weil ich wollte, sondern weil sich einfach die Möglichkeit ergab, also ein externer Trigger vorhanden war.

Ich glaube das ist auch eher Bestätigung der von mir aufgestellten Beobachtung: Ich habe viel später als andere angefangen, mich auszuprobieren und glaube, dass das für viele Menschen mit dem Asperger-Syndrom ähnlich laufen dürfte.

Zu den Problemen mit der Entwicklung, bzw. zu der Verzögerung in der Entwicklung kommt noch ein anderes Problem:

Da war noch die Sache mit dem schwachen Selbstbewusstsein, weil man zu Hause nur zu hören bekam, man sei faul und dumm. Wenn jetzt aber auch das mit dem anderen oder auch gleichen Geschlecht nicht funktioniert, weiß man als Asperger ja nicht, dass man einfach

---

[53] Beim Korrekturlesen machte meine Freundin aus der 45 eine 46. Weil ich mal wieder vergessen hatte, dass ich schon 46 war. Ich vergesse oft mein Alter, und wenn ich ihr glauben darf, auch mich so zu verhalten.

noch nicht genug Erfahrungen für Regeln hat, die helfen mit potenziellen Partnern oder Partnerinnen ins Gespräch zu kommen.

Man verknüpft das dann daher mit dem Wissen über das, was einem die Umwelt spiegelt, und kommt zu dem Schluss, dass man nicht ausreichend schlau oder attraktiv oder beides ist. Daraus entwickelt sich unter Umständen das „Reject Issue", also das Problem mit der Zurückweisung:

Weil man weiß, dass man vermutlich nicht bei seinem Schwarm landen wird, versucht man es nicht, weil man Angst vor der Zurückweisung hat. Dadurch kann man aber auch keine Regeln und kein Erfahrungswissen aufbauen, dass man bräuchte, wenn man es dann doch mal versucht, woraufhin die Wahrscheinlichkeit einer Zurückweisung sehr groß ist, was eine sich selbst verstärkende Spirale auslöst.

Ich hatte in dem Fall Glück im Unglück, weil meine ersten Partnerinnen mich ausgewählt haben und ich nichts dagegen hatte, ausgewählt zu werden. Externer Trigger.

Ein Leben wie ein Buch

Es gibt eine Buchreihe von Stephen King, die mich sehr stark beeindruckt hat, das ist die Reihe um den „Dunklen Turm".

Die Bücher hatten auf mich einen Reiz, weil sie in einer fast entvölkerten Welt spielen. Das ist eine Vorstellung, die mir nicht unangenehm ist, weil man mich eher allein im Wald als samstags abends in der City findet.

Die ersten Bücher aus der Serie habe ich schon sehr jung gelesen und die späteren Bände dann immer dann, als sie erschienen.[54] Es hat eine Weile gedauert, bis ich begriffen habe, was mich an den Büchern so fasziniert:

Der Protagonist Roland ist sein ganzes Leben lang auf der Suche. Das Schwierige ist nur, dass er, bevor er eine Gruppe von Freunden findet, nicht in der Lage ist herauszufinden, was er eigentlich sucht.

Und ich denke, dass das in Teilen mit Aspergern gut übereinstimmt. Dieses Gefühl, nicht richtig in diese Welt zu gehören, aber nicht zu wissen warum. Als Außenseiter zu gelten, weil man die gesellschaftlichen Regeln nicht versteht und deswegen nach seinem Platz in der Welt sucht. Nach einer Art von Bestimmung, die einen moralischen Kompass darstellt.

Vielleicht ist das auch der Grund, warum ich so gerne lange Buchreihen und Serien schaue, die mehr oder weniger Endzeit-Charakter haben: Bücher, die eine Welt mit nur wenigen Menschen beschreiben, haben einen enormen Reiz - den der nicht notwendigen sozialen Interaktionen.

Dabei ist es nicht so, dass Autisten keinen sozialen Kontakt wollen. Er muss nur auf sie abgestimmt sein und darf sie zum nicht überfordern. Jetzt kann man anderen Menschen aber ja nur bedingt direkt am Anfang einer Interaktion klar machen, dass es schnell dazu kommen kann, dass ich mein Gegenüber nicht verstehe oder mein Gegenüber mich nicht. Mit dem Wissen, dass das alles

---

[54] Die Reihe entstand zwischen 1982 und 2004.

anstrengend ist, entwickeln Fiktionen, in denen es keine oder nur sehr wenig Notwendigkeiten für soziale Interaktionen gibt, einen ganz eigenen Reiz.

Von daher erklärt sich vielleicht der Hang zu Dystopien und Erzählungen wie der um den dunklen Turm.

Dabei geht es nicht darum, unbedingt ein solches Leben in einem Ödland leben zu wollen. Es geht mehr darum, dass man sich vor Augen führt, welche Vorteile das hat.

Das geht einher mit dem unangenehmen Gedanken, dass man vielleicht aufgegeben hat, sich in der Welt, in der man wirklich lebt, jemals wirklich wohlzufühlen. Weil man nicht von allen Menschen erwarten kann, dass sie auf die besonderen Ansprüche von Autisten Rücksicht nehmen.

Was allerdings die Frage aufwirft, warum eigentlich nicht?

Kapitel IV – Regeln und Masken

Diesem Thema würde ich gerne ein eigenes Kapitel schenken, weil ich glaube, dass es der wesentlichste Teil meines Lebens ist, mit der größten Auswirkung. Nicht nur auf mich, sondern auch auf meine Umwelt. Der Leitsatz dieses Kapitels könnte sein:

> „Menschen haben gelegentlich Missverständnisse – Asperger immer".

Dabei ist es vielleicht sinnvoll vorwegzuschicken, dass ich als Junge immer davon ausging, dass alle Menschen so sind wie ich. Ich wäre nie auf die Idee gekommen, dass ich so anders bin.

Dazu gehört sicherlich, dass mein Autismus noch nicht diagnostiziert war. Aber auch der vermutlich allen Kindern innenwohnende Wunsch dazu zugehören. Nur war ich dafür leider nie „cool" genug. Was im Nachgang damit zu erklären ist, dass ich „cool" nicht kopieren oder simulieren konnte, denn mir fehlten die Regeln[55]. Und ohne Regeln ist im Falle von Asperger-Autisten alles nichts:

Leben nach Regeln

Ohne es zu wissen, habe ich sehr früh ein Regelbuch erstellt, nachdem ich lebe und das ich konstant fortschreibe. So bewusst wurde mir das zum ersten Mal, als ich die Serie „Dexter" im Fernsehen sah. Dexter ist ein sehr sympathischer Serienmörder, der tagsüber als Forensiker für die Polizei arbeitet und nachts Straftäter, vor allem

---

[55] Vgl. Daves Buch, Seite 152

Mörder, ermordet. Dexter ist aus einer traumatischen Kindheit erwachsen und hat von seinem Stiefvater Regeln mitbekommen, mit denen er sein soziales Verhalten steuert und auch die Frage, wen er ermordet und wen nicht.

Auch wenn ich kein psychopatischer Serienmörder bin, oder noch nicht, habe ich auch Regeln, nach denen ich lebe. Und davon sogar ziemlich viele. Diese sind implizit, ich kann sie also nicht wirklich gut aufschreiben. Aber sie definieren, wie ich mich in sozialen Situationen verhalte. Ganz einfach gesagt:

„Keine bösen Witze auf Beerdigungen".

Dieser Regelkatalog wächst beständig und ich versuche auch, ihn immer weiter zu verfeinern. Denn das Leben nach festen Regeln in einer Welt, die sich nicht an diese Regeln hält, hat zwei ganz wesentliche Herausforderungen, die ich meistern muss. Was mir nicht immer gut gelingt.

Die beste Regel ist die, die Du hast

Ich verstehe Menschen nicht. Weder ihr soziales Verhalten noch ihre Emotionen. Habe ich noch nie, konnte ich noch nie. Und ich glaube, dass das auf Gegenseitigkeit beruht. Nur dass es für mich sehr viel anstrengender ist, weil alles, was für Euch „normales Verhalten" ist, ich mühsam lernen musste, und so verarbeiten, dass ich Regeln daraus ableiten konnte. Was kann und darf ich wann sagen und machen und was nicht?

Das funktioniert nur dann, wenn ich für eine Situation eine Regel habe. Eine Situation, die für mich neu ist, ist eine in der ich vollkommen hilflos bin und die Wahrscheinlichkeit geht gegen 100%, dass ich mich nicht verhalte, wie man es von mir erwarten würde. Oder halt von einem „normalen" Teil der Gesellschaft.

Leider sind Regeln sehr digital: 1 sie passen, 0 sie passen nicht. Und sie lassen wenig Spielraum für Zwischentöne. Weswegen ich Situationen erlebe, für die ich bis heute keine passende Regel habe:

> Wann nimmt man einen Menschen, bevorzugt das andere Geschlecht, zur Begrüßung oder zum Abschied in den Arm?

Abgesehen davon, dass mir solche körperlichen Dinge eh schwerfallen: Ich weiß es einfach nicht und so sind Menschen überrascht, dass ich es mache oder enttäuscht, dass ich es nicht mache. Oder unangenehm berührt, wenn ich es mache. Ihr merkt: Nur eine Begrüßung für die einen, unendliches Chaos-Potenzial für Autisten.

Dazu kommt, dass jede soziale Interaktion bei mir mit Denken, also bewusstem Denken, verbunden ist. Mache ich das nicht, ist mein spontanes Verhalten mit an Sicherheit grenzender Wahrscheinlichkeit geeignet, eine soziale Tretmine zu werden. Oder wie ich früher gerne sagte:

> „Ein Stefan ist der Abstand zwischen zwei Fettnäpfchen, um sicherzustellen, dass ich beide treffe."

Ganz schwierig ist auch, wenn Regeln mit meinem Sinn für Wahrheit und Gerechtigkeit kollidieren. Wie oft hörte ich schon „das sagt man nicht". Ich hörte nie, dass etwas gesagtes unrichtig ist, sondern immer nur, dass man etwas nicht sagen soll.

Warum man das nicht darf, hat sich mir nie erschlossen – die zu Grunde liegenden Regeln waren mir nicht bekannt. Mit zunehmendem Alter wurde mir das aber auch zunehmend egaler, was zum Beispiel in der Politik dazu führte, dass „das sagt man nicht" für mich kein Handlungsleitfaden mehr war. Beliebter wird man damit allerdings nicht.

> Ich: „Der Vorsitzende der CDU-Fraktion redet fast wie Trump!"
>
> Er (nicht an mich): „Herr Bürgermeister, das ist unverschämt! Sowas muss ich mir nicht sagen lassen!"
>
> Ich: „Stimmt, Herr Bürgermeister. Ich entschuldige mich. Der CDU-Fraktionsvorsitzende hat natürlich absolut nichts präsidiales an sich!"

Manche Regeln sind auf den ersten Blick ganz einfach: In Deutschland sagt man „Guten Tag" und gibt sich die Hand, fremde Personen siezt man, bekannte Personen kann man duzen.

Und schon fangen meine Probleme an: Eine Regel aus meiner Erziehung sagt, dass DU bietet der ältere Teil der Konversation an. Was aber, wenn ich Teil einer Gruppe bin, in der ich alle duze, jemand kommt dazu der älter ist als ich? Sage ich dem, dass sich alle duzen und damit auch ihn oder muss ich warten, bis er oder sie mir das Du anbietet?

Für Menschen, die nicht meine Form von Autismus mit sich herumtragen, ist das etwas, über das eigentlich niemals nachgedacht wird. Ich denke ununterbrochen darüber nach.

Das Ganze kollidiert oft dann mit meinem Gerechtigkeitssinn und meiner Liebe für Regeln, wenn ich mich an Regeln halte, die Teil meiner Erziehung durch meine Großeltern waren – meine Mitmenschen aber nicht. Das kann mich schon mal wütend machen. Ich würde gerne sagen, dass der Grund dafür ist, dass sie sich nicht an die Regeln halten. Tatsächlich dürfte der Grund aber sein, dass meine Regel nicht funktionieren, wenn andere sich nicht an sie halten.

Die Ignoranz der Umwelt

Das führt zu einem erwartbaren Problem: Die Ignoranz meiner Umwelt.

Natürlich ist es zu kurz gegriffen, meiner Umwelt die Verantwortung dafür zu geben, dass ich nicht nach meinen Regeln leben kann, wenn sie es nicht tut.

Woher soll jemand anderes wissen, dass ich klare Strukturen und Regeln brauche, damit ich mich wenigstens halbwegs adäquat verhalten kann? Das ist auch ein Grund, warum ich sehr an den Regeln meiner konservativen Erziehung festhalte und versuche, sie anderen nahe zu bringen: Es kostet mich wahnsinnig viel Energie, für jeden einzelnen Menschen herauszufinden, nach welchem Wertekanon er oder sie lebt und mich entsprechend anzupassen.

Mein Leben wäre also sehr viel einfacher, wenn sich alle an das gleiche Regelsystem halten würden und es das System ist, nachdem ich lebe.

Macht niemand. Was, aus meiner Perspektive, natürlich sehr bedauerlich ist.

Im Gegenteil, man würde mir zu Recht den Vogel zeigen, wenn ich meine Art zu leben und zu interagieren zu einem universellen Zustand erklären würde. Das bedeutet aber, dass mein Leben sehr anstrengend ist und sehr anstrengend bleibt.

Zumal jede soziale Gruppe, die Kollegin*innen auf der Arbeit, die Bekannten beim Sport, die Politiker*innen im Rat und so weiter eigene Regel-Gruppierungen bilden. An die ich mich zum einen anpassen muss und für die ich zum zweiten auch eigene Regeln entwickeln muss.

Was wiederum dazu führt, dass jede Gruppe mich vollkommen anders wahrnimmt. Was zu großen Problemen in meinem sozialen Leben führt. Das Stichwort hier ist „Masking".

Masking; Ich bin viele. Ich bin niemand

„Du wirkst gar nicht wie ein Autist!",

ist vermutlich der Satz, den ich am meisten in meinem Leben gehört habe.[56]

Autisten, wie ich, versuchen im Alltag zu verbergen, dass sie anders sind als andere. Zu oft erfahren wir negatives Feedback, weil die Menschen uns nicht oder falsch

---

[56] Vgl. Daves Buch, Seite 216

verstehen und nicht bereit sind, zu akzeptieren, dass es Menschen gibt, die einfach anders sind.

Zum einen helfen hier die Regeln: Als Autist versucht man, sein Verhalten so anzupassen, dass man möglichst wenig auffällt.

Das zweite große Element, dass untrennbar damit verbunden ist, ist das sogenannte „**Masking**". Und die Übersetzung, das „Maskieren", passt hier ausgesprochen gut.

Man sagt gerne, dass Menschen in verschiedene Rollen schlüpfen. Als Kinder ihrer Eltern, als Kolleg*innen der Arbeit und so weiter. Das ist bei Autisten auch so, nur um ein Vielfaches stärker.

Wir maskieren, verkleiden, uns so, dass wir glauben und hoffen möglichst wenig aufzufallen. Wir trainieren das Maskieren lange und intensiv in der Hoffnung, dass zusammen mit den Regeln niemandem auffällt, wie anders wir sind.[57]

Das ist auch bei mir so.

Und das bringt ein riesiges Problem mit sich, weil die Maskeraden nicht kompatibel sind. Das bedeutet, dass die Rolle, in die ich für das eine Szenario schlüpfe, sich so weit von der Rolle für ein anderes Szenario entfernt hat, dass Teilnehmende beider Szenarien, wenn sie sich über mich unterhalten, nicht auf die Idee kämen, dass sie über den gleichen Menschen sprechen.

---

[57] So viel zu unserer toleranten Gesellschaft.

Im Büro zum Beispiel bin ich der stets hilfsbereite Kollege, der einen sehr schwarzen Humor hat, Konflikten eher aus dem Weg geht. Konflikten, wie ich sie in der Politik geradezu suche, weil ich mich mit den anderen reiben und messen will. Beide Gruppen glauben, dass ich eine sehr große Sozialkompetenz besitze, weil ich im jeweiligen Kontext sehr genau weiß, was ich zu tun und zu sagen habe, um meinen Zweck zu verfolgen. Naja, meistens jedenfalls, wenn die Regeln passen.

Beide Gruppen äußern sich auch gelegentlich darüber wie viel Energie ich habe. Noch eine Rede? Kein Problem. Noch ein Thema? Nehme ich. Noch ein Projekt? Bitte, danke.

Würden sie dagegen mit meiner Lebensgefährtin sprechen, würde die ihnen sagen, dass ich am liebsten gar nicht rede. Und dass ich abends vollkommen erschöpft bin. Von der gespielten Sozialkompetenz:

Als ich noch im Einzelhandel war, dachte ich, dass diese Erschöpfung davon herrührt, dass ich den ganzen Tag auf den Beinen bin. Heute weiß ich, dass das nicht stimmt, was mich erschöpft sind soziale Interaktionen.

Und die erheblich.

Denn es kostet wahnsinnig viel Energie, die jeweilige Rolle durchzuhalten und die jeweils passenden Regeln zu finden und zu nutzen. Ja, ich kann im IT-Kontext stundenlang in Projekten Menschen erklären, was wie warum funktioniert und wer was wieso zu tun hat. Niemand käme auf die Idee, dass dabei mein Akku von Voll auf

96

Reserve fällt – weil die Masken, die ich trage, das Verbergen.

Bedeutet das jetzt, das meine Lebensgefährtin mich nicht kennt? Im Grunde ja: Auch sie kennt eine Maske. Die des liebevollen, fürsorglichen Partners, den Fels in der Brandung. Und nur ganz selten kann sie einen Einblick darein bekommen, dass es noch andere Teile von mir und an mir gibt, die ich ihr nicht zeige.

Natürlich lasse ich sie wissen, wenn mein Akku leer ist. Aber eben auch nicht immer, weil ich ja weiß, dass sie Bedürfnisse hat, wie zum Beispiel mir von ihrem Tag zu erzählen.

Stellt Euch vor, Ihr müsst mit einem leeren Tank noch 100km weit kommen. Das ist wahnsinnig nervenaufreibend, weil Ihr alles versucht, um Energie zu sparen, damit ihr noch zur nächsten Tanke kommt. Das stresst. Und Ihr vermeidet jede zusätzliche Belastung und damit jeden höheren Verbrauch zu vermeiden.

Jetzt stellt Euch vor, dass Euch ein Tag vollkommen ausgelaugt hat, Ihr aber noch die Energie aufbringen müsst, Eurer Partnerin ein guter Partner zu sein, auf sie zu reagieren und mit ihr zu kommunizieren. Deswegen trage ich auch daheim eine Maske.

Der Unterschied bei mir und anderen Autisten zu den „Normalos" da draußen ist, dass durch die Kombination von Masken und Regeln die Verkleidung und die Rolle viel intensiver wahrgenommen und gelebt wird. Was dazu führt, dass die Wahrnehmung der jeweils von mir bespielten Personen so weit voneinander abweicht, dass es eigentlich immer zu tiefer Irritation führt, wenn ich mit mehr als einer Gruppe gleichzeitig zu tun habe. Eigentlich müsste man das mal als Experiment machen: Ich lade zwei sehr unterschiedliche Gruppen, wie Büro und Politik ein und bin selbst nicht dabei. Und die beiden Gruppen sollen sich gegenseitig möglichst genau beschreiben, wer ich bin. Am Ende wüssten sie vermutlich selbst nicht, ob ich eine oder mehrere Personen bin. Und, um ihre darauffolgende Frage, ob ich es denn selber weiß, zu beantworten: Nein.

Masking ist dabei kein bewusster Prozess oder zumindest ist er nur teilweise bewusst. Ich weiß, dass ich auf der Arbeit anders reden und agieren muss, als ich es in der Politik kann oder wenn ich mit meiner Lebensgefährtin zusammen bin. Das „wie“ kann ich aber nicht wirklich aktiv steuern, weil das über die Regeln determiniert wird, die abhängig von den anderen Menschen sind und mich damit in die Passivität drängen.

Und genau deswegen wirke ich vermutlich oft wie ein emotionsloser Roboter. Ich werde über Emotionen noch schreiben müssen, die meisten Menschen nehmen aber an, dass ich wenig, bis keine habe. Oder wie eine Kollegin mal so schön formulierte:

„Du bist emotional völlig verflacht!“

Tatsächlich ist das Vorspielen von in die Situation passenden Emotionen noch mal eine Stufe schwerer als der Versuch, nicht aufzufallen. Denn beides kostet Kraft. Und als Ressource kann man Kraft nur bedingt aufteilen. Also konzentriert man sich zunächst darauf, nicht aufzufallen.

Was dazu führt, dass man sehr stark auffällt.

> In der Geschichte vom dunklen Turm, dringt der Protagonist in das Bewusstsein eines New Yorkers ein. Ein Mensch, der keine großen Städte kennt. Dem New York völlig fremd ist. Beim Versuch sich durch die Stadt zu manövrieren, muss er immer wieder auf das Wissen des Hosts, in dem er sich befindet, zurückgreifen. Auch wenn er mit Menschen spricht. Diese kurzen Pausen, wenn der Besucher im Hirn des anderen stöbert und nach den richtigen Worten sucht, das, was ihn so fremd und roboterhaft wirken lässt, ist eine wunderbare Beschreibung, wie es in mir und vermutlich vielen Autisten aussieht. In jede Situation, in die wir kommen, vor allem wenn andere Menschen beteiligt sind, müssen wir uns erst mal einfinden. Das richtige Verhalten finden. Die richtigen Begriffe finden.

Hieraus leitet sich wiederum ein anderes Phänomen ab:

Resting Grumpy Face

Dave beschreibt das Phänomen als das „Resting Grumpy Face".[58] Dieses Phänomen tritt in mehreren Situationen auf und ist in der Kommunikation von Autisten mit Normalos, aber auch in unseren Beziehungen ein Problem:

Durch das Masking und oft verbunden mit der Unfähigkeit in Gesichtern zu lesen, zeigen wir oft nicht die erwarteten Emotionen. Bekomme ich ein Geschenk und sage, dass mich das wirklich freut, glaubt mir meine

---

[58] Vgl. Daves Buch, Seite 219

Lebensgefährtin nur eingeschränkt. Weil mein Gesicht diesen Dank nicht widerspiegelt. Ich versuche also aktiv daran zu denken, in solchen Situationen eine Mimik aufzusetzen, von der ich glaube, dass sie erwartet wird.

Wenn ich mich aber unbeobachtet fühle, fällt diese Mimik, eigentlich jede Mimik, in meinem Gesicht zusammen. Eine Miene aufzusetzen ist anstrengend, ich muss ja überlegen, welche und wie diese aussieht und wie ich sie möglichst gut imitiere. Das mache ich aus Energiespargründen also nur, wenn es notwendig ist.

Beobachtet mich jetzt jemand aus der Ferne, womit ich meine, ohne dass ich es mitbekomme, ist mein Gesicht in meiner Welt ausdruckslos. Wahrgenommen wird es aber vermutlich meist als Grumpy, also unleidlich. Was wiederum dazu führt, dass viele Menschen glauben, dass ich schlechte Laune hätte. In einer Phase, in der ich einfach gar keine Laune habe, weil ich keine haben muss.

Das führt insbesondere im Arbeitskontext gerne mal zu dem Missverständnis, dass Kolleginnen und Kollegen, die mich nicht kennen, einen völlig falschen Eindruck haben. Dadurch, dass ich dann eine Maske trage, wenn ich mit ihnen kommuniziere, haben sie zwar immer noch einen falschen, im Sinne von vorgespielten, Eindruck, nehmen mich meist aber vollkommen anders wahr.

Deswegen fing meine „wilde Zeit“ auch erst richtig an, als man über das Internet Menschen kennenlernen und daten konnte. Ich habe schnell gelernt, dass es wesentlich einfacher ist, Menschen für mich gewinnen zu können, wenn sie mich nicht sehen, sondern nur per Text oder Ton mit mir kommunizieren.

Das führte eine lange Zeit zu der Annahme, dass ich sehr unattraktiv bin, da meine Interpretation zunächst war, dass mein Aussehen nicht mehr so erschreckt, wenn man mich schon „richtig" kannte.

Heute weiß ich, dass ich zwar nicht der klassische Adonis bin, ein Dating in Person für mich aber so schwierig ist, weil ich die Person mir gegenüber nicht kenne und daher nicht weiß, wie meine Maske aufgebaut sein muss. Man kann also zurecht sagen, dass ich kein Mann für eine Nacht bin – wenn wir den Tag zuvor nicht intensiv gechattet haben.

Das Resting Grumpy Face ist Dave das erste Mal aufgefallen, als er ein Auto hat restaurieren lassen und bei der Abholung das Ergebnis großartig fand, sich aber in der Maske „Kunde" befand und der Regel „Bedanken für geleistete Arbeit" folgte. Er beschreibt das so, dass sein Auftreten die Mitarbeiter der Kfz-Werkstatt vollkommen konstatiert hat und, dass ihm das erst im Nachgang auffiel und erst viele Jahre später in einem Gespräch glattgezogen werden konnte.

Das hat mich dazu gebracht, mein eigenes Verhalten in dem Punkt zu hinterfragen und auch mit anderen zu diskutieren. Stellt sich raus, dass das auch bei mir ist und vor allem in der Anfangszeit bei meiner Lebensgefährtin für sehr große Unsicherheit sorgte. Weil sie hörte, was ich sagte, aber nicht sah, dass ich das auch spürte.[59]

Die Schwierigkeit besteht jetzt darin, dass ich im sozialen Kontext noch mehr Aufwand betreiben muss, jetzt wo ich

---

[59] Vgl. Daves Buch, Seite 217

weiß, dass meine Maske und meine Regeln noch um das Konstrukt Ausdruck erweitert werden müssen. Das führt dann aber wiederum dazu, dass ich noch mehr Energie aufwenden muss und am Ende vermutlich in vermeintlich unbeobachteten Momenten noch mehr aussehe wie ein Grumpy Granddad.

Und wisst Ihr, was das Witzigste ist: Das all die Masken dazu führen, dass die Menschen eher geneigt sind, denen zu glauben, als wenn ich die Wahrheit sage.

Wenn ich zum Beispiel sage, dass ich sehr schüchtern bin, glaubt man mir das nicht. Die Arbeitskollegen nicht, weil ich sie von morgens bis abends fachlich totlabere. Die Kolleginnen und Kollegen in der Politik nicht, weil ich keine Auseinandersetzung scheue. Und selbst meine Freundin nicht, die ja meine Freundin ist, weil ich sie dazu bewogen habe.

Ähnlich, wenn ich sage, dass ich großes Lampenfieber habe, zumindest die ersten 5 Minuten, wenn ich vor Menschen sprechen muss. Wer mich lange kennt und genau beobachtet, sieht die Zeichen: unruhige Hände, Schweiß auf der Stirn, verhaspeln beim Sprechen. Wer mich nicht gut kennt und nicht genau genug beobachtet wird denken, dass ich spinne, wenn ich das sage, weil ich mich wie ein Entertainer auf der Bühne bewegen kann. Sachlich-Fachlich, unterhaltsam, die richtigen Anekdoten und die notwendige Prise Ernsthaftigkeit.

Beides ist Ausdruck von Masking. Gebe ich zum Beispiel eine Schulung, sind die offensichtlichen Zeichen des Stresses nach ein paar Minuten verschwunden, wenn ich das Publikum in meinen verbalen Bann gezogen habe.

Die wahnsinnige Anstrengung aber kumuliert sich und führt dazu, dass ich im Anschluss und sobald ich mich irgendwohin zurückziehen kann, wo mich niemand sehen kann, völlig erschöpft zusammensinke.

Meine Lebensgefährtin kennt das im Grunde aus der Tatsache, dass ich immer erst wesentlich später als sie ins Bett gehe. Weil ich, wenn sie schon schläft, erst mal dekomprimieren muss. Runterkommen muss. Manchmal in dem ich stundenlang nur dasitze oder auf dumme Kurzvideos starre. Soweit ich weiß, ist dieses dekomprimieren weit verbreitet unter Asperger Autisten. Es gibt noch eine Alternative für mich und vielleicht andere Autisten, aber über Sex reden wir besser in einem eigenen Kapitel.

(Selbst-)Identifikation

Das mit den Masken und den Regeln bringt am Ende noch ein ganz anderes Problem mit sich:

Asperger wie ich neigen dazu, sich selbst zu verlieren. Ich wüsste ehrlich nicht, was ich auf die Frage

„Und wie bist du wirklich?"

antworten sollte.

Vermutlich gibt es das „wirkliche Ich" bei mir gar nicht. Ob es das nie gab oder ob es unter all den Masken verloren gegangen ist, kann ich nicht sagen. Asperger haben es aber oft schwer, und ich bin da keine Ausnahme, sich selbst zu erkennen.

Denn wir kennen nur unsere Masken und Rollen, die wir bei Interkationen tragen. Sind wir allein, haben wir keine Interaktion, dann… Ja, was dann?

Ich kann nicht einmal die Frage beantworten, wie ich bin, wenn ich nicht so bin, wie ich glaube, im jeweiligen Kontext sein zu müssen. Die Frage nach dem

„Wie bist Du"

ist eine Frage, die in meinem Kopf eine ungewohnte Leere entstehen lässt. Sie ist für mich oder durch mich nicht zu beantworten. Ich bin mal gefragt worden, ob mich das stört. Und ich kann nicht einmal diese Frage beantworten. Weil es für mich selbst keine Rolle spielt. Vermutlich stört mich eher, auf eine konkrete Frage keine konkrete Antwort geben zu können, wie sie mein Gegenüber erwartet.

Social Skills

Weiter oben schrieb ich, dass ich lernen musste, dass meine Erschöpfung oft kein Ausdruck der körperlichen Leistung über einen Tag war. Sondern der Intensität der sozialen Interaktionen.

Dass meine Social Skills als eher „gering ausgeprägt" gelten, ist sicher auch darauf zurückzuführen, dass ich sehr oft und sehr umfangreich sage, was ich denke. Leider manchmal sogar etwas sage, bevor ich weiß, dass ich es denke.

Das führt sehr oft dazu, dass man mich für ungehobelt oder arrogant hielt und hält. Von daher war der größte Fokus beim Training meiner Social Skills, nicht als der ohne selbige aufzufallen. Was schwierig bis unmöglich ist. Zumal ich auch sehr oft das Gefühl habe, dass meine Gegenüber einfach nicht verstehen, was ich ausdrücken will. So als sprächen wir zwei Sprachen.

Das macht es sehr schwer, in tiefe soziale Bindungen einzutreten.[60] Wenn das aber dann ausnahmsweise mal gelingt, stellen sich ja sofort weitere Fragen:

Rufe ich an oder warte ich, bis man mich anruft? Muss ich sagen, dass ich an etwas gerne teilnehmen würde, oder wird man mich fragen, ob ich teilnehmen möchte?

Das Wesen und das Soziale Konstrukt, das ich heute bin, fällt in der Gesellschaft seltener auf, als das früher der Fall war. Menschen, die mich sehr gut kennen beschreiben mich sogar so, dass ich es schaffe, in Gruppen schnell die Aufmerksamkeit auf mich zu ziehen. Was eigentlich gar nicht gewollt ist. Aber bei dem Versuch nicht aufzufallen, falle ich offensichtlich doch wieder auf.

Trotzdem hat das Jahrzehnte lange Training dazu geführt, dass ich mich relativ sicher unter Menschen bewegen kann. Sofern diese sich an meine Regeln halten bzw. sich so verhalten, dass es in meinem Kopf dazu passende Regeln gibt.

Dummerweise ist, wie schon geschrieben, gerade die soziale Interaktion mit Menschen genau das, was für mich die meiste Anstrengung verursacht. Was dazu führt, dass mir Fehler passieren oder ich relativ schnell eine Erschöpfung erlebe, mit der ich mich aus der Situation

---

[60] Vgl. Daves Buch, Seite 97

zurückziehen will. Ein „Workaround" ist dabei für die Politik so praktisch gewesen, wie für das soziale Leben unpraktisch:

Um zu vermeiden, dass Situationen sich in eine Richtung drehen, die ich als anstrengend empfinde, versuche ich oft, meist unbewusst, die Kontrolle über Situationen zu übernehmen. Wohlwissend, dass das keine gute Idee ist, weil ich schnell an einen Punkt kommen werde, an dem ich nicht weiß, wie ich weitermachen soll. Es ist aber ein unterbewusster und zumindest Stand heute noch nicht für mich steuerbarer „Reflex".

Witzigerweise merkt man meine fehlenden Social Skills am deutlichsten am Anfang und am Ende einer Beziehung. Wissend, dass ich kaum Social Skills habe, fällt es mir sehr schwer, ohne triftigen Grund auf Menschen zuzugehen. Aber auch das Beenden von Beziehungen, gleich ob Freundschaft, Partnerschaft oder ein Arbeitsverhältnis, bereitet mir wahnsinnige Probleme. Weil ich mich da immer in einem inneren Spannungsverhältnis zwischen „macht man nicht" und „liegt doch nur an mir" befinde.

Wer mich also richtig ins Schwimmen bringen will, spricht mich einfach in einer Situation, in der ich es nicht erwarte, auf etwas an, dass ich nicht erwarte.

Wer mich dagegen vollkommen sicher im Auftritt erleben will, kommt einfach zu einer Veranstaltung, auf die ich mich vorbereitet habe.

Das Ergebnis wird sich so deutlich unterscheiden, dass Ihr Mühe haben werdet, dass mit einer Person, mir, zu verknüpfen.

Aufgaben und ihre Bedeutung

Wie viele Asperger bin ich sehr aufgabenbezogen. Sie geben mir Halt, wenn ich weiß, was ich wann und wie zu erledigen habe.

Das bedeutet aber auch, dass wenn ich eine Aufgabe habe, ich schnell in eine Hyperfixierung zu dieser Aufgabe kommen kann. Dann will ich sie lösen und alles andere rechts und links ist egal. Meine Partnerin kann ein Lied davon singen, wenn ich am Schreibtisch bin und etwas fertig haben will, während sie mit mir reden möchte. Ich spreche dann mit ihr, arbeite in der Regel aber weiter. Sie weiß auch, dass ich sie zur Kenntnis nehme, ist aber auch gelegentlich frustriert, weil sie das Gefühl hat, dass meine Aufmerksamkeit nicht ganz bei ihr liegt. Was stimmt. Denn die liegt bei der Aufgabe vor mir.

Gibt man mir einen Stapel von Aufgaben, wird es noch spannender, weil es bei mir zwei Muster gibt.

Das Primäre, welches häufiger vorkommt, ist, dass ich sehr schnell arbeite. Ich habe kein Zeitgefühl und kann die Anzahl von X Aufgaben nicht gut über den Zeitraum Y strecken. Natürlich könnte ich sagen, dass 6 Aufgaben in 6 Stunden bedeuten, dass ich eine pro Stunde zu erledigen habe. Aber ich weiß ja nicht, ob die alle gleich gelagert sind, also verlasse ich mich lieber nicht darauf. Was bedeutet, dass ich sehr oft viel zu schnell fertig bin.

Außer bei Themen, die mich richtig interessieren. Denn hier kommt wieder mein Fokus fürs Detail zum Tragen.[61] Was dann bedeutet, dass ich sehr viel Zeit, im Zweifel zu viel, darauf verwende, mich um die Details zu kümmern.

Was auch ein Grund dafür ist, dass ich Aufgaben schlecht abgeben kann und lieber mehr Aufgaben annehme, als gut ist: Ich habe bestimmte Vorstellungen und nehme oft an, dass die von den Erwartungen und Herangehensweisen Anderer abweichen. Ich würde deren Arbeit also überarbeiten und das meiste selbst nochmal machen. Und dann kann ich es, so denkt mein Kopf, auch direkt selbst machen.

Fragt mal Leute, die mir Arbeiten, z. B. eine Thesis für den Bachelor oder Master, zur Korrektur geben. Es treten immer zwei Effekte auf: Erstens sind sie überrascht, wie schnell ich durch bin (Fokus!) und zweitens wie viele Anmerkungen und Korrekturen ich vornehme (Details!).

Zur Ruhe kann ich dann auch erst kommen, wenn ein Task, eine Aufgabe, für mich abgeschlossen ist. Ich kann schlecht einen laufenden Prozess unterbrechen, auch weil ich den „Train of Thought" nicht stoppen will. Weil ich weiß, dass ich die Ideen und Gedanken nur ein einziges Mal haben werde. Nämlich jetzt.

Was zu einem weiteren spannenden Phänomen führt, dass an Absurdität nur schwer zu überbieten ist: Wenn ich heute eine Arbeit von Euch korrekturlese, weiß ich nächste Woche nicht mehr, was drinsteht. Gebt Ihr sie mir noch mal, werde ich meine eigenen Korrekturen

---

[61] Vgl. Daves Buch, Seite 56

korrigieren. Weil meine Assoziationskette und die Tiefe, mit der ich in die Arbeit eintauche, niemals zweimal identisch ist.

In der Summe bedeutet das: Ja, ich brauche Aufgaben, gerne auch viele, damit ich ausgelastet bin. Nein, ich kann keine Aufgabe zwei Mal gleich gut machen. Ja, ich höre erst auf zu arbeiten, wenn die Aufgabe erledigt ist. Nein, ich habe keine Ahnung wie lange das dauern wird und gedulde Dich einfach, bis ich mich melde. Was vermutlich eh früher sein wird, als Du denkst.

Und hier kommen wir in einen spannenden Konflikt mit meinem ADHS:

Aufgaben und ADHS

Mein ADHS interferiert mit meinem Asperger auf eine manchmal für Außenstehende amüsante Art und Weise, die mich aber in den Wahnsinn treibt, weil ich so ja nichts geregelt bekomme:

Wenn ich nicht gerade in einer Phase der absoluten Konzentration, des Hyperfokus, bin, bin ich durch mein ADHS sehr leicht ablenkbar.

Dann beginne ich zum Beispiel diesen Text zu schreiben und bekomme eine SMS von meinem Broker. Die lese ich und melde mich kurz in meinem digitalen Finanzmanager an, um das da zu prüfen.

Da sehe ich dann, dass eine Buchung noch offen ist und schau mir dann an, wie sich das auf den ganzen Monat auswirkt. Und da wir ja schon November haben, könnte ich ja schon mal schauen, wie das Jahr so lief.

Aber dafür hole ich mir einen Kaffee. Leider stehen in der Spüle Gläser, also spüle ich die Gläser, mache einen Kaffee und biege ins Wohnzimmer, statt ins Arbeitszimmer ab, wo ich die Bügelwäsche sehe, die dringend erledigt werden muss.

Und am Ende des Tages habe ich sehr viel weniger geschafft, als ich wollte. Die meisten Tasks, die mir „dazwischen" kamen, waren am Anfang schnell erledigt. Aber spätestens, als ich zum Bügeln kam, hatte ich völlig verdrängt, dass ich eigentlich am Schreibtisch sitzen wollte.

Das ist dann spannenderweise wieder so ein Punkt, an dem ich mich wahnsinnig freue, meine Medis zu haben. Denn wenn ich weiß, dass ich zum Beispiel ein paar mehr Seiten schreiben will, werfe ich morgens eine Tablette ein.

Ich weiß nicht, wie sie es macht, aber sie hilft mir mich auf meine geplanten Tasks zu fokussieren und diese wie geplant durchzuführen. Was vorher, also ohne Medikamente, manchmal schlicht unmöglich war und gerne dazu führte, dass ich vermeintlich wichtige, aber komplexe Dinge oft viel zu lange „vor mir hergeschoben" habe. Nicht weil ich sie nicht machen wollte. Sondern weil die kleineren, schneller zu erledigenden Tasks meinem Monkeybrain mehr Erfolg und damit vermutlich mehr Dopamin versprochen haben.

Das also war des Pudels Kern!

So drückte es einst Goethe in Faust I aus.[62] Und so kommt mir das auch hier ein wenig vor.

Mitten im Buch sind wir also auf den Kern dessen gestoßen, was ich versuche zu erklären. Während ich dieses Kapitel zu den Aufgaben geschrieben habe, ist mir klar geworden, warum ich in bestimmten Aufgabenbereichen so gut bin und in anderen nicht. Und ich glaube der Kern des berühmten Pudels ist, dass Asperger, die ADHS haben, besser zu Goethe passen, als man glauben mag. Denn im selben Buch, in dem der Pudel eine wichtige Rolle spielt, schrieb Goethe auch:

„Zwei Seelen wohnen, ach, in meiner Brust"[63]

Denn genau so ist es im Grunde: Da ist die eine, stehts ruhelose ADHS-Seite, die ununterbrochen beschäftigt werden will und sich stets etwas Neues sucht. Ihr gegenüber lebt in meiner Brust der Asperger, der die Dinge im Detail durchdringen will.

Diesen Konflikt aufzulösen ist, zumindest für mich, unmöglich. Weswegen ich so fasziniert davon war, dass es pharmazeutische Produkte gibt, die mir helfen, zumindest das ADHS in Schach zu halten.

Und es ist genau dieser innere Konflikt, der im Berufsleben oder der Schule so stark einschränkend sein kann, wenn die Ursache nicht bekannt ist.

---

[62] https://de.wikipedia.org/wiki/Das_also_war_des_Pudels_Kern
[63] Der Duden in zwölf Bänden. 4. Auflage, Band 11, ISBN 978-3-411-04114-5, Seite 679.

Kapitel V – Sex und Emotion

Was ich fühle und was nicht

Es gibt das Gerücht, dass Autisten keine Gefühle haben oder kennen. Das stimmt so nicht. An mancher Stelle würde ich sogar sagen, dass Ihr keine Gefühle kennt, wenn Ihr keine Autisten seid. Meiner Meinung nach ist es so, dass Autisten drei Probleme mit Emotionen haben:

Das erste Problem ist, das nach außen Offensichtliste und das, was ich unter dem Resting Grumpy Face beschrieben habe. Wir haben also Probleme, Emotionen zu zeigen.

An zweiter Stelle steht die Schwelle, die Emotionen überwinden müssen, um bedeutend genug zu werden:

Sie stehen hinter logischen Prozessen zurück und müssen daher eine gewisse Wucht und Tragweite entwickeln, bis sie die Grenze der Wahrnehmung überschreiten können. Vereinfacht gesagt mag es also sein, dass jemand wie ich sehr viel empfindet, dass aber so lange selbst nicht weiß, bis sich die Gefühle ihre Bahn brechen.

Unglücklicherweise sind aber genau die Gefühle am intensivsten, die nicht den besten Eindruck machen. Dazu gehört zum Beispiel Wut[64]. Ich bin für viele Menschen ein sehr emotionsarmer Mensch, weswegen sie umso überraschter sind, wenn ich einen Wutanfall habe. Glasl, eine der Standard-Referenzen in der Sozialforschung,

---

[64] Vgl. Daves Buch, Seite 245

beschriebt Konflikte in neun Stufen, von denen die Letzte „Gemeinsam in den Abgrund" genannt wird.[65]

Hierbei ist ein Konflikt so weit eskaliert, dass man den eigenen Untergang in Kauf nimmt, wenn man dem anderen nur so viel Schaden wie möglich zufügen kann.

Ich sage gerne, dass wenn ich Wut zeige, ich nahtlos von der ersten auf die 9. Stufe springe. Meine Wut, die ich dann tatsächlich spüre, ist weltenverschlingend und lässt jeden rationalen Gedanken in den Hintergrund treten. Etwas, das für mich selbst noch beängstigender ist, als für Euch, weil das Gefühl keine Kontrolle zu haben, sehr, sehr unangenehm ist.

Während ich Wut nicht steuern kann, also weder hervorrufen noch unterdrücken, gibt es eine andere Sache, die ich mehr oder weniger gut kontrollieren kann: Emotionen durch Sex.

Ich habe schon früh gelernt, dass Sex in der Lage ist, mir spürbare, wahrnehmbare Emotionen zu bescheren. Dabei gilt, je intensiver, desto besser.[66] Das habe ich natürlich an mir selbst erfahren, als meine Freundin noch aus den Fingern meiner Hand bestand. Aber auch bei meinen ersten sexuellen Erfahrungen war das omnipräsent.

Was Sexualität mit anderen angeht, war ich ein Spätzünder. Was vermutlich eher daran lag, dass ich Frauen ja nicht angesprochen habe, egal wie attraktiv ich sie fand. Zu schüchtern.

---

[65] https://de.wikipedia.org/wiki/Phasenmodell_der_Eskalation
[66] Vgl. Daves Buch, Seite 201

Trotzdem ergab es sich auf der weiterführenden Schule irgendwann. Besonders prägend war dabei eine Schulkollegin, mit der ich schon länger intensiven Kontakt hatte. Und irgendwann sind wir bei ihr im Bett gelandet. Sex im klassischen Sinne hatten wir nicht und ich weiß auch nicht mehr so genau, was sie mit mir angestellt hat – aber als sie mit mir durch war, war ich nur noch ein zuckendes Bündel. Was das bedeutet, habe ich damals noch nicht richtig begriffen. Das änderte sich, als ich meine erste Beziehung hatte. Rückblickend würde ich das nicht Partnerschaft nennen, da es sich im Wesentlichen auf Sex beschränkte, in den sie mich einführte. Und damit eine Sucht schaffte, von der ich erst Jahre später erkannte, dass es eine Sucht war.

Kurz darauf traf ich eine junge Frau, die man im klassischen Sinne meine erste richtige Beziehung oder „Erste Liebe" nennen würde. Und ich weiß, wie doof sich das jetzt anhört, aber leider war sie noch vollkommen unerfahren und ich zu wenig erfahren, um gemeinsam richtig guten Sex (in meinen Augen) zu haben und vor allem zu erkennen und zu kommunizieren, wie wichtig das für mich ist.

Denn was ich erst Jahre später begriff, aber damals bei ihr den Anfang nahm, war, dass der Unterschied zwischen einer „Freundschaft" und einer „Beziehung" für mich im Wesentlichen der Sex ist.[67]

Weil das, wieder ist mir bewusst wie befremdlich sich das lesen muss, der Sex die emotionale Tiefe brachte, die

---

[67] Vgl. Daves Buch, Seite 192

spürbare und erlebbare Basis, die eine Beziehung von anderen zwischenmenschlichen Verbindungen entkoppelte.

Das wiederum führte zu Missverhalten auf meiner Seite: ich betrog meine erste große Liebe. Nicht einmal, nicht zwei Mal, sondern regelmäßig. Über einen längeren Zeitraum mit einer anderen Frau, die mir sexuell gab, was es bei meiner Freundin nicht gab. Für mich waren das damals zwei völlig getrennte Dinge: Meine Beziehung zu jemandem, der der Mittelpunkt meines Lebens war, und der Sex, der mir emotionalen Ausgleich brachte.

Denn neben Ruhe und Abgeschiedenheit kann auch Sex meine Batterien sehr effektiv wieder aufladen. Umso länger und schmutziger, um so wirksamer. Ich hatte oben den Begriff Sucht erwähnt und im Grunde war ich auch einfach süchtig. Auch nach der Bestätigung, die ich durch beides bekam: Der tiefen Zuneigung und dem hemmungslosen.

Heute weiß ich, dass Beziehungen ohne guten Sex für mich nicht funktionieren. Dass der Sex eben der für mich definierende Punkt ist und nicht etwas, das neben einer Partnerschaft steht. Bis ich das herausgefunden hatte, sind aber viele Jahre ins Land gegangen und zahlreiche Beziehungen zerbrochen.

Dazu kommt, dass ich mich im wahrsten Sinne des Wortes in einen Rausch gevögelt hatte. Denn umso mehr Sex ich hatte, umso mehr „fühlte" ich. Umso besser schien es mir zu gehen. Was dazu führte, dass ich wie ein guter Süchtiger immer mehr brauchte. Immer neuen Stoff in Form immer neuer Liebhaberinnen und in vielen Fällen war Quantität irgendwann wichtiger als Qualität.

Möglicherweise spielte hier auch rein, dass ich zum ersten Mal das Gefühl hatte, ein toller Kerl zu sein, der es schafft, viele Frauen ins Bett zu bekommen. Was eine perfekte Lüge mir gegenüber war: Ich war abhängig. Ich hatte die Kontrolle komplett verloren.

Dass es dazu kommen konnte, lag am Internet.[68]

Das fand inzwischen zunehmend Verbreitung und lange vor Facebook und Co gab es Internetforen, auch für solche Themen. In einem davon war ich sehr aktiv und lernte dort die junge Frau kennen, mit der ich meine erste große Liebe betrog. Dort lernte ich auch die Frau kennen, mit der ich die beiden zuvor genannten betrog und am Ende die, mit der ich die 3 zuvor genannten betrog. Wobei betrügen vielleicht nicht das richtige Wort war, denn zumindest im Internet ging ich recht offen damit um. Ich plante sogar in Foren öffentlich Wochenendtouren zwischen Frauen. Was zu einem deutlichen Hass anderer Männer führte, der mich nur noch mehr aufstachelte. Ich konnte ihnen allen schließlich beweisen, was für ein toller Kerl ich bin und ich bekam mehr Sex als ich mir je hätte erträumen lassen.[69]

Naja, wie in jeder guten Geschichte um Liebe, Sex und Betrug kam es zu einer harten Landung, als zuerst meine „richtige" Beziehung das Forum fand. Eine Trennung mit

---

[68] Korrekterweise lag es an mir. Das Internet war allerdings das Mittel, das mir die Möglichkeit gab.

[69] Dahinter steckte das Verlangen nach Anerkennung. Das wiederum vermutlich vor allem daher kommt, dass ich als Kind zu wenig davon bekam. Glaubt bloß nicht, Ihr wärt nicht das Produkt Eurer Erziehung.

vielen bösen Worten von ihr und absoluter Unfähigkeit von mir, darauf zu reagieren.

Das beendete allerdings nicht meine „Karriere" in den Internetforen, denn jetzt konnte ich ja noch offener loslegen. Allerdings ging auch das nicht mehr lange gut, aus unterschiedlichen Gründen, und plötzlich saß ich alleine zu Hause. Meine Freundin war weg, meine Sexpartnerinnen nicht mehr für mich erreichbar.

Wer schon mal einen kalten Entzug durchgemacht hat, wird wissen, dass auf den Entzug mit all seinen Nachteilen eine Phase der Klarheit folgt. In meinem Fall mit der Erkenntnis, dass es vermutlich besser ist, wenn ich von Frauen erst mal die Finger lasse. Und ich war daraufhin auch eine ganze Weile Single. Nicht weil ich keine großartigen Frauen kennengelernt hätte. Sondern weil sich nichts mehr ergab, Ich war tatsächlich ausgebrannt, was das anging.

Mit Abstand entwickelte sich aber eine Erkenntnis:

Nämlich die, dass ich guten und viel Sex in einer Beziehung brauchte. Es dauerte noch ein paar Beziehungen, mal länger und mal kürzer, bis ich auch endlich gerafft hatte, dass ich das offen kommunizieren muss.

Dummerweise ist es aber gerade in längeren Beziehungen so, dass der Sex weniger wird. Was bei mir leider irgendwann zu dem Effekt führt, dass ich mir überlege, woanders Befriedigung zu finden. Meinen Fix zu bekommen. Denn egal wie beherrscht man ist, wenn man einmal süchtig ist, wird man nie wieder unsüchtig. Man lernt allenfalls damit umzugehen.

Die Beziehung vor meiner jetzigen scheiterte nach etlichen Jahren auch daran. Wobei ich hier die Schuldzuweisung in meine Richtung machen möchte:

Ich war noch immer nicht in der Lage klar und deutlich zu kommunizieren, dass ich gerne alle Bedürfnisse meiner Freundin erfülle, materielle sowieso und, soweit ich kann, auch emotionale. Das ich dafür aber eben auch etwas brauche.

Bei meiner aktuellen Lebensgefährtin ist das anders. Sie wusste schon im Vorfeld, weil ich es ihr erzählt habe, dass für mich Beziehung und Sex untrennbar zusammengehört. Und, in der Hoffnung das es ihr gefällt: Sie ist in der Lage meine Wünsche und Bedürfnisse mehr aus ausreichend zu erfüllen.[70]

Das mag jetzt klingen, als würde sie sich mir hingeben müssen, damit ich bei ihr bleibe. Und vielleicht ist das auch ein Stück weit so. Wir sind uns aber einig, dass Beziehung immer ein Deal auf Gegenseitigkeit ist und ich glaube, dass sie von mir auch all das bekommt, was für sie in einer Beziehung wichtig ist. Naja, außer vielleicht überbordende emotionale Ausdrücke der Zuneigung. Und natürlich hoffe ich inständig, dass sie die Wahrheit sagt, wenn sie sagt, dass ihr der häufige Sex mit mir auch sehr gut gefällt. Sagen wir mal so: Es gibt Zeichen dafür.

Gut, jetzt haben wir zwei Gefühle. Es gibt aber tatsächlich noch ein Drittes, das sich manchmal den Weg nach außen bahnt. Ein Wort dafür kenne ich nicht. Es ist, wenn

---

[70] Ich hoffentlich auch ihre.

ich das Gefühl habe, das etwas sehr Ungerechtes passiert oder die ganze Welt sich gegen mich verschworen hat:

Die gelegentliche Kernschmelze

Passieren kann das in einem Machtgefälle, wenn zum Beispiel mir gegenüber jemand Macht ausübt die ich ihm nicht zubillige. Macht, die er in meinen Augen falsch einsetzt und wo es schwer ist eine angemessene Reaktion zu zeigen. Auch weil ich es nicht schaffe, ihn oder sie davon zu überzeugen, dass gerade etwas, vorsichtig ausgedrückt, nicht gut läuft. Dieses Gefühl ist deckungsgleich damit, dass sich die ganze Welt gegen mich verschworen hat.

Dieses Gefühl kann sehr schnell auftreten und mich wie Wut vollkommen in den Bann ziehen, wenn Dinge nicht so laufen, wie ich es von der Welt erwarte.

Der Unterschied zur Wut ist, dass ich auch dann zwar alles anzünden will, das aber nicht außen trage, sondern es mehr nach innen kanalisiere.

Das kann etwas vollkommen Triviales sein, eine Anekdote ist, dass es in einem Wasserpark keine Schließfächer nahe dem Eingang gab und ich so erst durch den ganzen Park laufen musste, um meine Sachen loszuwerden. Um dann zurück zum Eingang laufen zu müssen, um die Rutsche dort nehmen zu können. Diese sinnlose Planung brachte mich vollkommen aus dem Takt und führte zu einem der seltenen Male, bei dem ich richtig schlechte Laune bekam.

Das Problem war, dass ich so sauer über die bescheuerte Planung des Parks war, weil ich meiner Begleitung einen großartigen Tag bereiten wollte und das nicht so konnte, wie ich es mir vorgestellt hatte. Die Folge war aber, dass sie meine zunehmende Fassungslosigkeit und das zunehmende Gefühl, dass man den Park genauso geplant hätte, um mich zu ärgern, als Wut wahrnahm. Was es nicht war, die Emotion war nach innen gerichtet, ich war fassungslos und hilflos.

Die Wirkung war aber, dass meine Emotion aus der Situation heraus, ihr nicht den perfekten Tag zu bieten, erst dazu führte, dass es für sie vorübergehend sehr unangenehm wurde. Und es gab keine Möglichkeit, mich zurückzuziehen und irgendwo herunterzukommen, sie musste also meinen rapiden Stimmungsverfall miterleben, ohne dass ich artikulieren konnte, was eigentlich das Problem war und mit dem, rückblickenden, Wissen dass es vollkommen übertrieben war.

Allerdings sind solche emotionalen Ausbrüche bei mir extrem selten – leider gibt es daher auch keine Regel für den Umgang damit!

Es ist fast so, als wäre die Person mit diesen extremen Emotionen mein Doktor Jekyll und mein Mr. Hyde.[71]

Gemeinsam mit der Wut hat dieses Gefühl, dass ich mich in einer Art innerer Kernschmelze[72] befinde. Oft weiß ich nicht, was ein emotionaler Ausbruch überhaupt verursacht hat, nie weiß ich, wie ich damit umgehen soll.

---

[71] Vgl. Daves Buch, Seite 246
[72] Vgl. Daves Buch, Seite 100

Die einzige mir bekannte Lösung ist, mich zurückzuziehen. In einem Raum ohne andere Menschen, in dem ich vor mich hin kochen kann. Ich kann dann auch z. B. nicht schlafen, weil meine Gedanken ununterbrochen darum kreisen, wie ich es dem Leben oder einer Person, von dem oder der ich mich ungerecht behandelt fühle, zurückzahlen kann. In solchen Phasen bin ich niemand, den man um sich haben möchte. Aber wenn man leider in meiner Gegenwart ist, wird es doppelt schwer, weil die um mich herumkreisenden Personen versuchen möchten, es besser zu machen. Können sie nicht.

Oder sie versuchen, mir zu erklären, dass das alles doch gar nicht so schlimm ist, was es natürlich nicht ist, aber ich in dem Moment nicht begreifen, nicht verarbeiten kann. Weswegen ich noch mehr in die Luft gehe, weil ich auch wieder das starke Gefühl habe, nicht verstanden zu werden.[73]

Insofern ist es vielleicht verständlich, warum ich tatsächlich das emotionslose oder emotionsarme Bild von mir hochhalte.

Denn in meiner Lebenserfahrung bringen Emotionen, die ich zulasse und gar zeige, eher Probleme als Lösungen und machen mein Leben kompliziert.

Und ich habe emotionale Menschen auch nie verstanden. Denn das, was ich als Emotion kenne, ist anstrengend, manchmal zerstörerisch und hat mich noch nie irgendwo weitergebracht. Und wenn Ihr aufmerksam gelesen habt,

---

[73] Dabei ist mir vollkommen klar, dass sich das alles nur in meinem Kopf abspielt und von daher für Außenstehende maximal verstörend wirken muss.

gilt das sowohl für vermeintlich positive Gefühle wie beim Sex, als auch offensichtlich negative, wie bei der Wut.

Ich kenne hoch sensible Menschen. Meine Partnerin ist so jemand. In meinen Augen ist das dermaßen anstrengend, dass ich sie jeden Tag dafür bewundere, dass sie nicht überlegt, sich das Leben zu nehmen. Das sieht sie vollkommen anders und mit Blick auf mich kann sie vermutlich nicht nachvollziehen, warum dieser nicht wahrnehmbare Level, auf dem sich meine Emotionen meist befinden, mir hilft, nicht den Verstand zu verlieren.

Insofern schließt sich auch der Kreis: Autisten können sehr wohl sehr emotional sein. Wenn sie aber ticken wie ich, wollen sie das schlicht nicht. Weil neben all den Anstrengungen, die jeden Moment des Alltags begleiten, ist schlicht nicht mehr genug Energie übrig, sich um Emotionen zu kümmern.

Was auch der Grund ist, warum ein Meltdown, das Zusammenbrechen durch oder nach einer „emotionalen Attacke" erst zu keinem Schlaf und dann dem Schlaf eines Toten führt. Stellt Euch einfach vor, Ihr müsst ohnehin jeden Moment Eures Lebens „Vollgas" geben, um den gesellschaftlichen Vorstellungen zu genügen. Und dann stellt Euch vor, Ihr werdet gezwungen, einen Gang runterzuschalten aber weiterhin und dauerhaft Vollgas zu geben. Der Motor heult, der Spritverbrauch steigt ins Unermessliche, aber statt schneller werdet Ihr langsamer. Klassische Lose-Lose-Situation.

Wenn das hier jemand liest, der jeden Tag viele Emotionen bewältigt: Hut ab, ich habe keine Ahnung, wo Du
dafür die Energie hernimmst. Ich kann das schlicht nicht.

Kapitel VI - Ich und die IT

Mein erster Computer

Wie ich schon geschrieben habe, war mein erster Computer ein Schneider CPC 464. Alles, was ich Euch heute darüber erklären könnte, würdet Ihr nur mit Belustigung aufnehmen: wie die integrierte Datasette, also ein Kassetten-Laufwerk, weil das damals das Speichermedium der Wahl war. Oder wie man mit einem normalen Kassettenplayer Software kopieren konnte.

Tatsächlich war das aber mein Einstieg in eine neue Welt und ich habe schnell gemerkt, dass Computer und ich zusammengehören. Dass sich mir etwas völlig Neues eröffnete, das durch erhältliche Zusatzgeräte wie ein externes Diskettenlaufwerk oder einen Drucker nur umso größer wurde.

Für Euch heute sind Drucker, Tinte und Laser, etwas vollkommen Normales. Das war damals nicht der Fall. Aber als es die ersten erschwinglichen Nadeldrucker gab, die mit einem Farbband Buchstaben auf das Blatt pressten, war das für mich eine Offenbarung.

Meine Handschrift ist nämlich eine absolute Katastrophe und ich glaube das ist bei vielen Asperger so. Ein Computer gab mir erstmals die Möglichkeit, längere Texte zu schreiben und dann zu drucken, und das in einer lesbaren Art und Weise.

Zeitgleich konnte ich so viele Dinge lernen. Wie Betriebssysteme funktionieren. Denn Windows mit seiner bunten Landschaft zum Anklicken war noch in weiter Ferne.

Wie programmieren funktioniert, also wie man den Computer dazu bekommt, zu tun was man von ihm will. Und wenn man verstanden hatte, wie das funktioniert, war es verblüffend, was ein Computer alles konnte.

Zudem war es damals so, dass in Computer-Zeitschriften Programme oft abgedruckt waren. Man musste sie also abtippen, was nicht nur ein gutes Training war schnell und mit wenig Fehlern zu schreiben, sondern auch ein völlig neues Verständnis davon vermittelte, was in der Kiste eigentlich passierte.

Heute weiß ich, dass die logischen Konstrukte von Computer-Hardware und Software zu meiner Inselbegabung gehören. Damals war das für mich einfach der Himmel: Anders als andere Kinder verstand mich der Computer, wenn wir uns auf die gleichen Symbole einer Sprache einigten, die streng logisch waren. Es gab nichts Implizites oder Emotionales, das ich hätte, nicht oder falsch verstehen können.

Allerdings waren die 64 Kilobyte, nicht Mega- oder Gigabyte, auch stark limitierend. Das führte auf der einen Seite oft zu Frust, weil ich zum Beispiel auf der einen Seite meinen „Vokabeltrainer" nur mit einer sehr begrenzten Anzahl von Wörtern füttern konnte. Auf der anderen Seite zwang es mich, nach Alternativen zu suchen und welche zu entwickeln. Sei es durch neue Hardware wie ein Diskettenlaufwerk, dass ein Nachladen von Daten erlaubte, oder die speichersparende Art, Daten abzulegen.

Im Grunde saß ich fast jede freie Minute vor dem Ding.

Damals, ich erwähnte ihn in Kapitel III, hatte ich einen Nachbarn, der die größere Variante meines Computers besaß. Und er hatte sogar einen Farbmonitor, nicht wie ich einen Grün-Monitor.[74] Vor allem aber ein eingebautes Disketten-Laufwerk und unerhörte 128 Kilobyte Arbeitsspeicher. Und er spielte nur damit, was für eine Verschwendung.

Der Bekannte wurde irgendwann abgelöst von einem anderen, dessen Vater eine Atari Mega ST gekauft hatte. Gestochen scharfer schwarz-weiß-Monitor, eine Maus(!) und die grafische Benutzeroberfläche GEM.[75] Der absolute Wahnsinn. Was der Atari konnte, wie gut Spiele aussahen. Und zugleich war er so teuer, dass ich es mir niemals leisten können würde. Zumindest dachte ich das damals.

Mein zweiter Computer

Ich habe keine Ahnung, woher mein Großvater wusste, was ein guter Computer für mich wäre. Aber eines Tages überraschte er mich mit einem richtigen, echten und vermutlich sehr teuren IBM-PC mit eigenem Schwarz-Weiß-Monitor. Das Teil war für mich als angehenden Nerd der Hammer. HD-Diskettenlaufwerk mit 1,4 Megabyte und eine Festplatte mit 40 Megabyte, von der ich dachte, ich bekomme sie niemals voll. Plötzlich gab es

---

[74] Früher war es üblich, dass Monitore in Bernsteinfarben oder Grün Zeichen und Grafiken darstellten und Farben als Schattierungen. Das war vor allem der besseren Lesbarkeit geschuldet, weil man monochrome Monitore mit einer höheren Auflösung produzieren konnte als Farbmonitore.

[75] „GEM" auf dem Atari war wie Windows auf dem PC, bevor es Windows auf dem PC gab. Bevor es den PC überhaupt gab.

nicht nur Basic, sondern nach einer Weile konnte ich auch mit Turbo-Pascal programmieren, das war sowas wie der Umstieg von einem Fahrrad auf einen Porsche. Kurz zuvor hatte auch meine Schule von den Schneider CPC auf IBM-kompatible PC gewechselt, so dass ich schon erste Erfahrungen hatte. Und sehr schnell war ich der Typ, zu dem man ging, wenn man mit dem PC was machen wollte.

Ich hatte eine Festplatte! Zu einer Zeit als zwei Diskettenlaufwerke normal waren: eines mit dem man das Betriebssystem lud und dann zum Beispiel die Textverarbeitung, eines zum Speichern und Laden.

Gemeinsam mit meinem Lieblingslehrer und dem einzigen, der vermutlich ahnte, dass das meine Zukunft sein würde, und nicht die Interpretation von den Leiden des jungen Werthers, konnte ich ein Dutzend Computer aufbauen und sogar mit einem im Vergleich zu heute minimalistischem Netzwerk verbinden.

Das alles führte dazu, dass ich schnell zu einer „Persönlichkeit" wurde. Nerds gab es damals noch nicht als Begriff und ich war, der, der einem helfen konnte, z. B. eine Bewerbung am PC zu schreiben und zu drucken. Das war ein Novum, eine gedruckte Bewerbung und ein gedruckter Lebenslauf!

Ich hatte schnell raus, dass ich die Sachen speichern und dann individualisieren konnte und ebenso schnell hatte ich raus, dass ich damit Geld verdienen konnte. Ich weiß nicht, was mein Schulleiter gesagt hätte, wenn er gewusst hätte, dass ich nicht aus Menschenfreundlichkeit den Mitschüler*innen half. Sondern weil ich sie zahlen ließ.

Mein eigener PC wurde bis an die Grenzen seiner Leistungsfähigkeit ausgebaut und benutzt. Und sehr schnell kam ich dahinter, dass IBM mit ihren PCs ein Meisterwerk geschaffen hatte: Anders als heute in vielen Fällen, konnte man praktisch alle Komponenten austauschen und über Steckplätze weitere Komponenten hinzufügen. So konnten PCs damals nur ein Pieps-Geräusch machen, wenn man „Musik" hören wollte, brauchte man eine Soundkarte. Wenn man bessere Grafik wollte, eine neue Grafikkarte. Und so weiter.

Von hier an weiter

Der Job im Computer-Foto-Laden brachte mir eine für mein damaliges Alter unverschämte finanzielle Freiheit. Die ich nutzte. Zusammen mit meinem Lehrer wollte ich damals meinen Computer von einem 286er zu einem 386er aufrüsten. Das ging aber nicht, also half er mir, einen komplett neuen Computer in Einzelteilen zu kaufen und zusammen zu bauen. Meine neue Festplatte hatte 170 MB und kostete 400 DM. Vereinfacht gesagt also 0,017 GB pro 200€. Das war irre viel und irre teuer. Heute bekommt Ihr für 200€ locker 18.000 GB![76]

Nach und nach wurden meine Prozessoren schneller, mein Arbeitsspeicher größer, ich hatte alle Zubehörkarten, die man brauchte oder wollte. Ich kaufte irgendwann einen sündhaft teuren, im Verbrauch aber wahnsinnig günstigen Farbtintenstrahldrucker[77] und von meinem erste Grün-Monitor über den 12-Zoll-Schwarz-Weiß-

---

[76] Eigentlich gilt Basis 8, ein Gigabyte sind 1024 Megabyte. Aber der Vereinfachung halber rechne ich mit 1.000. Und statt des Umrechnungskurses von 1,9irgendwas lege ich 2 DM pro Euro an.

[77] HP Deskjet 990Cxi

128

Monitor war ich irgendwann bei einem ebenso wahnsinnig teuren aber für damalige Verhältnisse unfassbar riesigen 21 Zoll-Monitor von Siemens. 53 cm Bilddiagonale und gefühlt 100 KG schwer.

Ich programmierte. Ich spielte.

Spiele wie Doom, Duke Nukem 3D oder Half-Life. Und dann kam irgendwann das „Internet".

Zunächst in Form von Bitboxen, dann als „richtiger" Online-Dienst, damals für mich CompuServe, für viele AOL. Internet kostete 16 DM Grundgebühr im Monat plus 8 DM Nutzungsgebühr pro Stunde plus Telefongebühren. Unfassbar teuer. Außerdem brauchte ich ein Telefon, die Gebühren fielen separat an. Aber mir eröffnete sich eine ganze Welt, mit der ich kommunizieren konnte und die mit mir kommunizierte.

Daraus entstand sogar mein einziges richtige Sozialleben. Ich lernte andere Computerfreaks kennen und spielte oder fachsimpelte mit ihnen gemeinsam. Gerne über „das Internet" aber noch lieber auf LAN-Partys. Wo wir alle unsere sackschweren Computer, Monitore und Tastaturen hinschleppten, uns vernetzten und gegeneinander und miteinander spielten.

Nie zuvor und nie danach hatte ich so viele Bekannte, mit denen ich regelmäßig Kontakt hatte. Online wie offline.

Computer waren meine Welt und ich verbrachte jede Minute, die ich nicht arbeiten oder das Mindestmaß für die Schule machen musste, online. Und mein Job erlaubte mir, das notwendige Geld zu verdienen:

Weil einen Computer so weit zu kriegen, dass man ihn benutzen konnte, war schon eine Herausforderung für sich. Und viele, die sich damals einen kauften, brauchten nicht nur dafür Unterstützung: sondern auch bei der Frage was sie überhaupt mit dem Ding machen sollten. Und relativ oft half ich dabei und bekam dafür noch mal extra Cash.

Und wenn Ihr heute Skypen normal findet, könnt Ihr Euch vorstellen, als es das erste Mal möglich war, über eine spezielle Software über das Internet mit Menschen in Kanada, auf der anderen Seite der Welt zu „telefonieren"? Für mich war damals klar, dass Computer die Zukunft sind. Vor allem meine.

Und so ist es bis heute. Und nach wie vor bevorzuge ich offene Plattformen, wie den IBM-kompatiblen PC.[78] Ja, ich besitze von Apple ein iPhone und ein iPad. Aber kein MacBook oder einen Mac, weil ich diese nicht nach Belieben aus- und umbauen kann.

Während das PC-Notebook, auf dem ich das hier schreibe, von mir mit neuer Festplatte oder mehr Speicher ausgerüstet werden kann. Mein PC zu Hause ist eine richtig große Kiste mit sehr viel Einzelteilen, die ich alle per Hand ausgesucht und zusammengeschraubt habe. Mein heimisches Netzwerk kenne ich bis ins kleinste Detail und da passiert nichts, was ich nicht verstehe.[79]

---

[78] „Windows-PC"

[79] Entschuldigt bitte den kleinen Exkurs. Aber es ist heute so, dass Apple die „Einfachheit" in den Vordergrund stellt und Euch viel abnimmt. Das mag für viele gut sein. Ich bevorzuge aber lieber Systeme, die mich nicht bevormunden und bei denen ich stets die Kontrolle habe.

Und nach wie vor habe ich hier auch die großen Bedürfnisse, mich Menschen mitzuteilen. Ihnen zu erklären, wie die Dinge eigentlich funktionieren. Worauf sie achten sollten, was sie wissen müssen, wo Gefahr lauert und so weiter.

Ich bin sicher, dass es der größte Glücksfall meines Lebens ist, dass meine Großeltern den Zugang zu dieser Welt zu einem Zeitpunkt ermöglicht haben, als sie selbst und auch viele andere nicht den Hauch einer Idee hatten, was Computer sind oder wie sie unser Leben prägen werden. Und letztlich haben die Computer meinen Lebensweg ja mehr als nachhaltig von der Schule bis zu meinem jetzigen Job geprägt. Und was für ein Glück ich habe, beim IM in einem solchen Bereich mich selbst verwirklichen zu können.

Aber auch die Möglichkeit zu haben, heute hier am Meer zu sitzen und auf einem Notebook, dass nicht mal 1.000 Gramm wiegt und trotz der Sonne gut zu lesen ist, diese Worte zu schreiben.

Mache ich einen Schritt zurück wird klar, dass ich Computer schon immer mehr mochte als Menschen. Ich sehe immer wieder, dass die meisten Menschen ihre Computer gar nicht anders nutzen, denn als Schreibmaschine, Aufrufgerät für Social Media oder Fotospeicher. Von daher passt es zu meinem Autismus wie die Faust aufs Auge, wenn das Verständnis für Computer bei der Allgemeinheit heute wieder weniger wird, weil alles vorkonfiguriert, wird: Wird es kompliziert, sind wieder mehr und mehr Menschen auf mich angewiesen und das ist ja auch sowas wie eine Daseinsberechtigung.

Zusammenfassend kann man aber schon davon sprechen, dass ich an einem Phänomen leide, für das ich zum ersten Mal in Daves Buch einen Namen fand: OCD, also Obsessive Computer Disorder.[80] Durchaus treffend, wenn man mich fragt.

---

[80] Vgl. Daves Buch, Seite 21

Kapitel VII –Symptome und Pillen

Bis jetzt ging es viel darum, wo ich herkomme. Ich hielt das für wichtig, weil ich denke, dass viele Menschen mit ähnlichen Herausforderungen aufgewachsen sind wie ich, wenn sie ebenfalls Asperger sind. Oder komplett anders: Zwischen dem, was Dave in seinem Buch schrieb und dem was ich hier schreibe gibt es sehr viel Übereinstimmung und eben auch Punkte, die sich vollkommen gegenüberstehen.

Und vielleicht hast Du bis hier gelesen und bist an dem Punkt, an dem Du überlegst, Dich selbst auf Autismus und ADHS testen zu lassen. Und vielleicht möchtest Du wissen, wie es weiterging, nachdem ich in Kapitel II, von meinem damals neuen Psychiater, das Angebot bekommen habe, eine medikamentöse Therapie zu durchzuführen.

Die Pille

Ich hatte die Diagnostik beendet und als ich zum zweiten Termin kam, hatte ich durchaus ein paar Erfahrungsberichte gelesen und auf YouTube gesehen, die ich allerdings für gnadenlos übertrieben hielt. Trotzdem war ich neugierig geworden und stimmte zu, dass mein Arzt mir das Medikament „Elvanse" mit 30mg verschrieb.

Der medizinisch wirksame Stoff hört auf den Namen Lisdexamfetamin und damit handelt es sich um einen Stoff aus der Gruppe der Amphetamine und gehört zu den Stimulantien[81]. Das fand ich spannend, weil es zunächst unlogisch klingt:

Ein Markenzeichen von Aufmerksamkeitsdefizit ist ja, dass ich mich nicht lange auf etwas konzentrieren kann, was nicht in meinem absoluten Interesse, Hyperfokus, liegt. Da klingt es jetzt erst mal komisch, wenn man mich weiter stimulieren möchte.

Aber was weiß ich schon und so nahm ich eines schönen Morgens meine erste Kapsel, setzte mich im Homeoffice an den Schreibtisch und…

… arbeitete durch.

Um die Faszination dahinter zu verstehen, muss man wissen, dass Arbeit mich in der Regel nicht auslastet und ich immer wieder abgedriftet bin zu anderen Dingen. Mit Elvanse? Thema angegangen, Thema bearbeitet und das nächste Thema geschnappt. Ich habe noch nie in meinem Leben so produktiv gearbeitet wie an dem Tag. Und das bitte sollen 30 mg eines Medikaments in meinem Gehirn bewirken?

Ich glaube, dass es Menschen, die Drogen nehmen sehr schwerfällt, zu beschreiben, wie sich Drogen anfühlen. Und so fällt es mir schwer, Euch zu erklären, wie das mit meiner „Droge" Elvanse war. Diese geistige Klarheit. Diese Fähigkeit mich auf Dinge zu konzentrieren, die mich nicht richtig oder ausreichend interessieren. Die Fähigkeit konzentriert durchzuarbeiten.

---

[81] https://de.wikipedia.org/wiki/Lisdexamfetamin

Vielleicht hilft es zu erwähnen, dass in meinem Kopf niemals Ruhe herrscht. Ich kann nicht abschalten, mein Kopf denkt eigentlich immer. Und er denkt in einer wahnsinnigen Geschwindigkeit und wie bei anderen Menschen mit AD / ADHS ist das manchmal verwirrend. Ich hatte schon beschrieben, wie ich manchmal von Aufgabe zu Aufgabe springe und immer dann, wenn ich etwas erledigen möchte, etwas Neues finde, dass ich vorher noch schnell erledigen möchte. Bis ich am Ende nicht das erledigt habe, was eigentlich auf dem Plan stand.

Und mit Elvanse?

Ich stehe auf, nehme meine Pille. Bis sie wirkt habe ich gespült und Kaffee gemacht. Dann sitze ich am Schreibtisch und bin die nächsten 6-8 Stunden hoch konzentriert mit dem Abarbeiten meiner Aufgaben beschäftigt. Und war eine nach der anderen, ohne dass mein Monkeybrain ständig etwas anderes in den Vordergrund schiebt. Das ist… ich glaube es gibt kein Wort dafür.

Von den beschriebenen körperlichen Nebenwirkungen hatte ich keine. Ich hatte nur Vorteile. Zumindest solange das Medikament wirkt, denn wenn Du runterkommst, merkst Du eine Erschöpfung, die aber wohl völlig normal ist.

Und hier kommen wir zur spür- oder erlebbaren Nebenwirkung von Elvanse, zumindest in meinem Fall:

Elvanse hilft mir nicht nur besser fürs Büro zu arbeiten: Das Medikament hilft auch dabei, wenn ich z. B. große Mengen Fotos sichten und bearbeiten muss. Oder andere Tätigkeiten zu erledigen sind, die über einen längeren

Zeitraum eine Fokussierung erfordern, ohne Teil meiner Inselbegabungen zu sein. Das ist faszinierend und beängstigend zugleich.

Was folgt ist die höchst beunruhigende Fragen:

> Wie wäre mein Leben eigentlich verlaufen, wenn man schon als Kind auf die Idee gekommen wäre, dass ich nicht einfach „seltsam" bin?

Sondern das sich z. B. in der Schule meine Fähigkeiten nicht ausspielen oder weiter entwickeln konnte, weil mein Asperger und mein ADHS dagegen gearbeitet haben und darauf keine Rücksicht genommen wurde.

> Wie anders wäre mein Leben gelaufen, wenn man mir nicht über so lange Zeit eingetrichtert hätte, dass ich dumm bin, wenn genau das Gegenteil der Fall war?

Dass nicht ich unfähig war, mich auf die Schule zu konzentrieren, sondern die Schule unfähig gewesen ist, mich zu fordern und fördern.

Es gab noch einen weiteren positiven Effekt von Elvanse: Ich habe schon beschrieben, dass Tage im Büro für mich oft wie Knast waren. Ich musste die Zeit einfach absitzen. Die Diagnosen gaben mir aber den Hinweis darauf, dass ich einfach zu wenig zu tun hatte. Da das mit meinem Wechsel ins IM zeitlich zusammenhing, habe ich einen neuen Ansatz probiert. Ich habe sehr offen mit Kolleg*innen und Führungskräften kommuniziert, dass ich Autist bin und ADHS mitbringe. Dass ich anders arbeite.

Wir haben im Team Regeln aufgestellt, wie z. B. das es Phasen gibt, in denen ich keine Menschen gebrauchen kann und dann die Bürotür zu machen würde. Dass ich aber, wenn sie offen wäre, immer für alle ansprechbar sei.

Was die eigentliche Arbeit anging, dauerte es etwas und es lief nicht ganz ohne Konflikte, was vermutlich normal ist, wenn man seine Mitmenschen zwingt, auf die eigenen Besonderheiten Rücksicht zu nehmen. Aber auch das war irgendwann so weit eingespielt, bis ich mich in einem kleinen und sehr progressiven Team wiederfand, dass ich mit meiner Art zu denken wohl bereichern konnte. Vor allem gab mir mein Chef nach einer Weile eine wichtige Position:

Ich konnte selbst entscheiden, **wie viel** ich machen möchte. Und die Möglichkeit sehr viel Arbeit auf meinen Tisch zu ziehen, half mir die Unterforderung zu bekämpfen. Elvanse half mir dann im Weiteren, die Arbeit in einer bisher für mich unbekannten, konzentrierten und geregelten Weise zu erledigen. Und ich konnte in einem gesteckten Rahmen selbst bestimmen, **was** ich mache.

Um das zu erklären:

Ich bin viel stärker als andere Menschen darauf angewiesen, im Job etwas zu tun, das mich wirklich interessiert. Heute begleite ich eine Vielzahl von IT-Projekten als Unternehmensarchitekt, das heißt ich schaue, dass neue Software und Hardware in unsere Vorstellung davon passen, wie ein Unternehmen sicher und effektiv arbeiten kann.

Zugleich bin ich aber vor allem auch IT-Lösungsarchitekt. In meiner Rolle bin ich zwischen den Kolleginnen und Kollegen, die beschreiben wie ihre Arbeit ist und den Anbietern, die Software entwickeln und verkaufen und ich „übersetze" zwischen diesen Welten, weil ich beide Sprachen spreche: die der Verwaltung und die der IT.

Nach den Rückmeldungen, die ich bekomme, mache ich das wohl ziemlich gut. Und habe zum ersten Mal nicht nur das Gefühl, viel leisten zu können – sondern dass das auch anerkannt wird.

Das hängt mit einer weiteren, fast schon lustigen, Nebenwirkung von Elvanse bei mir zusammen: Ich rede mehr.

Eigentlich rede ich recht wenig. An Tagen, an denen ich meine Pille genommen habe, bin ich aber nicht zu bremsen. Ich frage schon immer, ob ich nicht zu forsch bin und bei meinen Kolleginnen und Kollegen entschuldige ich mich sogar von Zeit zu Zeit.

Aber dieses Plus an aktiver Kommunikation hilft mir, das, was ich kann, viel besser zu erklären und an die Menschen zu bringen.

Insgesamt bin ich eine Mischung aus erfreut, fasziniert und entsetzt. Ich weiß nicht, ob Ihr Euch mal angeschaut habt, wie wenig 30 Milligramm sind. Das in einer Kapsel geschluckt wirkt so unmittelbar auf mein Gehirn, dass ich im wahrsten Sinne des Wortes ein anderer Mensch bin.

Und es ist auch erleichternd. Ich habe zwar immer noch das Problem, besonders bei der einen oder anderen Führungskraft, dass ich nicht verstanden werde, weil ich nicht ausdrücken kann, was ich denke. Aber im Großen und Ganzen habe ich das Gefühl, dass Elvanse mir ermöglicht, die PS auf die Straße zu bringen, die ich dort haben möchte.

Die Pille ist ein Livechanger gewesen.

Was mich am Anfang stark umgetrieben hat, war die Sorge einer Abhängigkeit. Es mag sein das Elvanse nicht körperlich abhängig macht. Meine Sorge war aber, dass es psychisch abhängig macht, weil es mir ein besseres Ich-Gefühl vermittelt und warum sollte man das nicht jeden Tag haben wollen.

Erstaunlicherweise ist das nicht der Fall. Ich nehme die Pillen heute grundsätzlich, wenn ich ins Büro oder zu Besprechungen fahre oder an Tagen, an denen ich absehen kann, dass ich mich gut fokussieren können muss. An anderen Tagen, vor allem auch am Wochenende oder an freien Tagen nehme ich sie nicht. Und das ist kein bewusstes Nicht-Nehmen, weil ich nicht den Drang habe, sie zu nehmen. Auch nach gut einem Jahr ist es eher andersherum ein bewusstes Nehmen, wenn ich denke, dass das Medikament helfen könnte.

Allerdings habe ich das mit nicht medikamentösen Maßnahmen begleitet. So ist mein Büro zum Beispiel sehr steril und hundertprozentig funktional – es gibt dort schlicht nichts, das mich ablenken könnte. Und wenn ich im Homeoffice sitze, ist auch mein Schreibtisch leer bis auf die Dinge, die ich zum Arbeiten brauche und ich schließe die Tür zum Rest meines Domizils. Das ist zwar auf der einen Seite wieder das „Einbuchten", auf der anderen Seite habe ich festgestellt, dass das Ausschalten von potenziellen Ablenkungen mir sehr hilft.

Denn Elvanse hilft mir wie gesagt nicht nur auf der Arbeit. Man kann damit auch sehr gut bügeln…

Die Symptome

Vielleicht kann und sollte ich an der Stelle mal darauf eingehen, wie ich meinen Autismus und mein ADHS eigentlich erlebe.

Alter und gefühltes Alter

Als Mann vieler Gesichter, bzw. Masken habe ich offensichtlich zwei nach außen getragenen Altersklassen.

Das eine ist das, was man früher wohl als „altklug" bezeichnet hätte. Und ich habe schon sehr früh damit angefangen, andere Menschen wissen zu lassen, wenn sie meiner Meinung nach Unrecht hatten oder ich ihnen die Welt erklären wollte. Das, natürlich auch meine inzwischen deutlich ergrauten Haare, lässt mich vermutlich in vielen Fällen älter erscheinen, als ich bin. Wobei es vermutlich im Laufe der Zeit etwas abgenommen hat, dass man mir ein altkluges Verhalten unterstellt hat. Ich bin jetzt alt. Ist nur fraglich, ob auch klug.

Das zweite Alter ist offensichtlich ein sehr Junges. Oder um es mit den sehr oft wiederholten Worten meiner Lebensgefährtin zu sagen:

„Wie alt bist Du eigentlich? Fünf?"

Das schiebt sie darauf, dass ich im Alltag sehr beherrscht und abgeklärt wirke und wenn wir unter uns sind, schon mal albern bin. Dass ich nach draußen einen Anspruch an meine Umwelt formuliere, wie mit mir umzugehen ist, während ich im Zwiegespräch mit ihr wohl auch schon mal Sprüche klopfe, die nicht zu meinem Alter passen zu scheinen.

Beides ist Ausdruck eines Problems, das sich manifestiert, wenn man mich fragt, wie alt ich bin und wie alt ich mich fühle. Bis vor einer Weile hätte ich das nicht artikulieren können, aber ich glaube, dass ich mich emotional langsamer und später entwickelt habe als Menschen in meinem Umfeld.

Die Antwort auf mein Alter ist eine Zahl, die nicht der Zahl entspricht, die ich nennen wollen würde. Und die dem entspricht, was ich gerade als „Lebensphase" erlebe. Insofern ist mein gefühltes Alter geschätzt gut 20 Jahre hinter meinem Biologischen. Bedauerlicherweise gilt das nicht für das optische Alter, das kompensiert in die andere Richtung.

Vermutlich ist das auch ein Grund dafür, dass meine Freundinnen und jetzt meine Lebensgefährtin meist, eigentlich immer mit einer einzigen Ausnahme, jünger sind und je älter ich werde, umso größer scheint die messbare Differenz zu werden.

Angenehmerweise geht das allerdings damit einher, dass ich, was meine körperliche Leistungsfähigkeit angeht, wohl auch jung geblieben bin.

Aber wenn ich zum Beispiel ansehe, wie ich mit meiner Lebensgefährtin gerade zusammen die Welt bereise und wir gemeinsam Erfahrungen sammeln, die ich eigentlich hätte vor 10 oder 20 Jahren hätte sammeln sollen, denke ich schon, dass das Bände spricht.

Mein gefühltes Alter weicht daher insgesamt deutlich ab vom Pass-Alter. Das ist ein Punkt, der in der Außenwahrnehmung zu Irritationen führt. Sowohl was meine körperliche Belastungsfähigkeit als auch meinen Lebensstil angeht. Ich kann das an zahlreichen Punkten fest machen, die ich jetzt nicht im Einzelnen alle ausführen möchte.

Und ich muss zugeben, dass das ein sehr komisches Gefühl ist, über sich selbst zu schreiben, dass man zu einem Teil, intellektuell, seiner Zeit wohl deutlich voraus war. In einem anderen Teil, dem emotionalen, aber wohl ein Spätzünder geblieben ist. Was aber wiederum ja zu den beschriebenen ersten Erfahrungen mit Frauen passt, die bei mir ein paar Jahre später stattfanden als bei vergleichbaren Menschen.

Auf der anderen Seite ist es mir dafür aber auch möglich, vieles intensiver zu erleben, als wenn ich es früher gemacht hätte. Weil mir die meinem Alter entsprechenden Ressourcen zur Verfügung stehen, um zum Beispiel an entlegene Orte oder in luxuriöse Hotels zu reisen. Und ich mehr Wissen über die Welt habe. Natürlich aber auch, weil ich heute ein sehr viel genauer ausgearbeitetes Regelheft habe.

Gesichtsblindheit

Eines meiner größten, nicht sichtbaren, Probleme ist meine Gesichtsblindheit oder „Prosopagnosie".[82]

Damit geht einher, dass ich mir Personen nicht merken kann, bzw. nicht anhand ihres Gesichts erkenne. Im Laufe meines Lebens habe ich Werkzeuge dafür

---

[82] https://de.wikipedia.org/wiki/Prosopagnosie

entwickelt, damit umzugehen, das verdrängt aber nur das Problem: Ich erkenne Menschen nicht.

Beziehungsweise: Ich kann Menschen erkennen, aber an anderen Merkmalen als dem Gesicht wie beispielsweise an einem sie begleitenden Kontext.

Ich kann zum Beispiel meine Arbeitskolleg*innen erkennen. Aber eben im Kontext der Arbeit. Ich kann sie dagegen sehr gut übersehen und nicht erkennen, wenn wir uns in einem anderen Umfeld begegnen. Dazu kommt auch, dass ich mir ihre Namen nicht merken kann, weil ich diese nicht mit ihren Gesichtern verknüpfen kann.

Der Vorteil ist, dass ich viele Menschen sehr oft zum ersten Mal treffe. Der Nachteil ist, dass ich viele Menschen sehr oft zum ersten Mal treffe.

Der erste Satz trifft zu, weil ich mir gelegentlich bei zwei aufeinander folgenden Treffen schon mal zwei unterschiedliche erste Eindrücke mache. Der zweite Satz trifft zu, weil es im Zwischenmenschlichen sehr schwierig ist.

Mittlerweile warne ich Menschen vor, das funktioniert aber nur sehr begrenzt, weil sie sich den Umfang nicht vorstellen können. Und ich brauche sehr viele regelmäßige Kontakte in unterschiedlichen Szenarien, um mir einen Menschen einprägen zu können. Dafür aber nur eine sehr kurze Phase, um sie wieder vollständig zu vergessen.

Ein bisschen bitter ist, dass ich auch die Bilder von Menschen, die mir etwas bedeuten, sehr schnell vergesse. Einer der Gründe, warum ich tausende Fotos mache: Damit ich mir die Menschen und ihren jeweiligen Kontext wieder ins Gedächtnis holen kann.

Und das meint nicht nur zum Beispiel vergangene Beziehungen. Denn ob Ihr es glaubt oder nicht: Ich habe ein Teamfoto griffbereit. Auf das ich insbesondere nach dem Urlaub oder längeren Abwesenheiten schaue, um die Gesichter mit den Namen zu verbinden.

Gedächtnisprobleme

Die Gesichtsblindheit wird bei mir unterstützt durch ein sehr selektives Gedächtnis. Mein Hirn merkt sich sehr viel und sehr dauerhaft. Aber nur das, was es sich merken will. So kann ich zum Beispiel Routen, die ich irgendwann mal gefahren oder gewandert bin, wiederfinden. Ich weiß aber ja nicht, dass der Mensch, der mich gerade auf der Straße gegrüßt hat, mein Nachbar ist. Ich kann mir wissenschaftliche Fakten unglaublich gut einprägen und habe viele der Fotos, die ich in meinem Leben gemacht habe, im Gedächtnis. Ich kann aber nicht sagen, was ich mir gerade vorgenommen habe zu machen, wenn ich es nicht sofort auf eine To-Do-Liste geschrieben habe.

Ich habe mir Aussagen gemerkt, die Jahrzehnte her sind. Würde aber effektiv bestreiten, worüber wir uns gerade unterhalten haben.

Weiter oben schrieb ich schon, dass ich deswegen meine Hausärztin mal um einen Demenz-Test gebeten habe. Denn um ehrlich zu sein: Es ist manchmal beängstigend. Und es macht das Leben schwer:

Lerne ich für eine Prüfung etwas, das sich mir nicht intuitiv erschließt, braucht es viel Zeit und Anstrengung, dass zumindest bis zur Prüfung im Hirn zu behalten. Frage ich aber meine Partnerin im Rahmen ihres Studiums zu Dingen ab, die mein Gehirn spannend findet, brauche ich zu ihrem Frust nach der 2. Runde die Karteikarten nicht mehr – ich habe es mir eingeprägt und werde das meiste davon nie wieder vergessen.

Mein Versuch das zu beschrieben ist der, dass ich sage, dass ich ein fotografisches Gedächtnis mit eigenem Willen habe. Das, was es sich merken will, merkt es sich bis in alle Ewigkeit und in sehr vielen Details. Alles andere nicht.

Auffassungsgabe und Logik

Ich besitze eine sehr gute Auffassungsgabe in den Bereichen, die mich interessieren, also vor allem Computer, Technik und Wissenschaft. Das ist kombiniert mit einer sehr ausgeprägten Logik in Form von Wenn-Dann.

Das bedeutet, dass ich eine besondere Gabe habe, Fragen zu beantworten. Und zwar vor allem Fragen zu Themen, mit denen ich mich nie beschäftigt habe. Fragt man mich etwas zu einem solchen Thema, bildet mein Gehirn aus all den Nuggets, die es sich irgendwann mal gemerkt hat, eine logisch richtige Antwort. Ich schreibe logisch richtig, weil ich nicht weiß, ob meine Antworten inhaltlich richtig sind. Das wird in der Regel aber nicht in Frage gestellt, weil meine Antworten richtig klingen und vor allem Sinn ergeben oder zu ergeben scheinen.

Das kombiniert sich dann aber mit meinem Gedächtnis: Da das, was ich gerade gesagt habe, für mich nicht relevant ist, vergisst mein Gehirn es sofort wieder. Mein Umfeld, vor allem auf der Arbeit, reagiert darauf, indem sie immer sofort mitschreiben, was ich sage. Denn wenn sie mich bitten, das Gesagte zu wiederholen, kann ich es schlicht nicht. Ich habe es bereits vergessen.

Ich bin regelmäßig überrascht, was ich sage. Von daher passt bei mir der Spruch

> „wie soll ich wissen, was ich denke, bevor ich höre, was ich sage"

sehr gut. Es gibt aber noch eine Abwandlung dieses Spruchs:

> „Wie soll ich wissen, was ich denke, bevor ich lese, was ich schreibe?"

Hierbei geht es darum, dass zum Beispiel das Schreiben von Texten bei mir immer ein unbewusster Prozess ist, der ein bisschen wie bei einem Large-Language-Model einer KI, die Worte im Sinne einer Wahrscheinlichkeit, ohne den Inhalt zu verstehen arrangiert. Bei mir ist es so, dass ich einen Impuls brauche und dann los schreibe. Ich kann seitenweise schreiben, ohne mich vorher damit beschäftigt zu haben und bin regelmäßig überrascht, was ich geschrieben habe. Und ich vergesse es immer wieder.

Extrembeispiel sind die Abschlussarbeiten meiner Studiengänge. Bevor ich sie nicht gelesen hatte, wusste ich nicht, was ich schreiben würde. Und weil ich den Inhalt regelmäßig vergesse, bin ich jedes Mal erneut überrascht, wenn ich sie lese.

Dazu passt auch ein Feedback, dass ich mal bekommen habe, dass auch meine wissenschaftlichen Arbeiten sich eher wie Geschichten lesen.

146

Und auch mit diesem Buch ist das so: Ich habe mir Stichworte gemacht, als die Idee entstand, es zu schreiben. Aber was konkret ich schreiben würde, war nie ein bewusster Denkprozess. Ich werde also wie Ihr das Buch irgendwann zum ersten Mal lesen und es hoffentlich mögen.

Prüfungsangst

Das Thema habe ich in Kapitel II schon mal angesprochen:

Ich habe gelernt, dass für viele Menschen wie mich, Prüfungsangst zum Leben dazu gehört. Egal ob eine Klausur in der Schule oder Uni oder der Führerschein.

Vermutlich hängt das damit zusammen, dass wir uns bewusst sind, dass unser Gehirn anders arbeitet und Informationen anders verarbeitet.

Es ist nicht so, dass ich zu dumm bin, Klausuren zu schreiben. Es ist die Erfahrung, dass ich die Fragen der Prüfer*innen allzu oft anders interpretiere als sie gemeint sind und daher meine Antworten nicht den Erwartungen entsprechen. Oder dass mein Kopf die Antworten auf Fragen leider schon wieder vergessen hat, weil sie mich nicht interessieren und all das Lernen nichts gebracht hat.

Prüfungsangst korreliert meiner Meinung nach dabei mit den Erfahrungen beim Aufwachsen: Wurde man für dumm gehalten, wenn man nicht gut in Klausuren war, wurde das zurück gespiegelt. Dadurch stieg der Druck, es besser zu machen – was selten gut ging.

Externe Impulse

In diesem Buch habe ich schon mehrmals auf externe Impulse, Trigger, abgestellt, diese sind für mich sehr wichtig. Fehlen solche äußeren Reize, verfalle ich schnell in einen Leerlauf. Anders gesagt: Ich selbst kann selten, bis gar nicht Aktivitäten entwickeln, wenn es nicht einen externen Auslöser gibt.

Wenn ich nicht über meinen Bekannten zur FOM gekommen wäre, wäre ich niemals dorthin gekommen. Wenn meine Partnerinnen nicht triggern würden in Urlaub zu fahren, würde ich nicht in Urlaub fahren.

Die Tage würden für mich in einer Gleichförmigkeit vergehen. Das bedeutet nicht, dass ich Langeweile habe:

Ich würde Montag bis Freitag arbeiten, weil es ja den Trigger gibt, arbeiten gehen zu müssen. Am Wochenende würde ich oft nichts machen, wenn es keinen Trigger gibt. Das ist sehr schwer zu vermitteln, weil mir keine richtige Formulierung einfallen will, die das, was in meinem Kopf stattfindet, verständlich in Worte verpackt. Vermutlich muss man selbst Betroffene*r sein, um das nachvollziehen zu können.

Inzwischen habe ich auch dafür Mechanismen, damit umzugehen, zum Beispiel in denen ich Zeit- oder Ereignistrigger setze, die meist über meine To-Do-Liste abgebildet werden. Auch das sind dann im Grunde externe Impulse, weil ich bis zu dem Zeitpunkt, an dem ich etwas zu tun habe, vergessen habe, dass ich es zu tun habe. Und mein Handy oder Computer mich dann erinnert und triggert.

Das führt zu sehr lustigen Situationen mit meinen Mitmenschen:

Ich verkaufe das gerne als meine Faulheit und sage, dass niemand fauler ist als ich. Weil ich sprichwörtlich Wochen nichts machen kann.

Da ich mir, um meine Eigenheiten wissend, selbst Trigger setze und ja auch auf externe Trigger reagiere, haben die Menschen um mich herum den Eindruck, dass ich ununterbrochen aktiv bin, und können sich gar nicht vorstellen, dass jemand wie ich mal nichts macht.

Zeit und Zeitgefühl

Dass es in meinem Leben Phasen gibt, in denen ich nichts mache und das auch mal über einen längeren Zeitraum, liegt an meinem Zeitgefühl. Oder besser dem nicht vorhandenen Zeitgefühl. Denn Zeiträume haben für mich keine Bedeutung:

Ich kann nicht sagen, wie lange ich eine bestimmte Tätigkeit verrichtet habe oder wie lange ich nichts gemacht habe. Ich kann auch nicht sagen, wie lange etwas her ist.

Gemeinsam mit meinem Gedächtnis, dass ja sehr gerne vergisst, ist das durchaus manchmal komplizierter als es sich anhört. Ich kann zum Beispiel nicht unterscheiden, ob eine Besprechung gestern, letzte Woche oder letzten Monat war, wenn ich nicht in den Kalender schaue. Das führt schon zu kuriosen Situationen, vor allem wenn ich kürzlich sage und damals meine. Nehmen wir das Hotel, in dem ich gerade sitze: Als ich herkam, wusste ich noch alle Wege und was wann wo und wie. Logisch, ich war ja erst vor Kurzem hier.

Dieses vor Kurzem war allerdings vor 5 Jahren.

Aus Sicht meiner Lebensgefährtin ist das auch spannend: Ich habe ihr von einem Termin erzählt, den ich bei der ESA, also der European Space Agency, hatte. Sehr detailreich und ich habe dabei den Eindruck vermittelt, dass das praktisch gestern war.

Es war 11 Jahre her.

Dafür sitze ich heute den 5. Tag an der Strandbar meines Hotels und schreibe und habe das Gefühl, dass das schon seit Monaten mein täglicher Rhythmus ist: wachwerden, frühstücken, an den Strand, an den gleichen Platz wie immer. Notebook auf, anfangen zu tippen und man bringt mir Kaffee. Mein Bürojob? Liegt tausend Jahre zurück. Ich kann mich kaum erinnern, wann ich das letzte Mal da war, und dank meiner Gesichtsblindheit kann ich mich auch kaum an meine Kolleg*innen erinnern.

Dazu gehört auch, dass ich ein ganz schlechtes Zeitmanagement habe. Wenn ich weiß, dass ich eine Woche Zeit habe, passiert die ersten 6 der 7 Tage gar nichts. Und wenn am letzten Tag die Abgabe bis 23:59 Uhr möglich ist, ist 23:58 Uhr ja völlig ausreichend.

Impulskontrolle und Unterforderung

Eines meiner größten sichtbaren Probleme ist die Impulskontrolle. Das kann damit zu tun haben, dass es bei Autisten regelmäßig Veränderungen in der Amygdala gibt. Bei mir äußert sich das vor allem dann, wenn mein Kopf nicht ausreichend beschäftigt ist und die beiden offensichtlichsten Punkte sind, dass ich dann an den Nägeln knibble und esse.

Das mag amüsant klingen, ich habe hier aber vermutlich sehr viel Glück. Viele Menschen mit Autismus haben Angewohnheiten wie mit dem Oberkörper hin und her zu wippen.

Meine beiden äußerlich sichtbaren Effekte treten tatsächlich nur bei Langeweile auf. Was dann allerdings auch auftritt sind zum Beispiel unsinnige Impulskäufe. Beim, vor allem online stattfindenden, Impulskauf ist es bei mir weniger die Befriedigung des Kaufs. Es ist mehr die Suche nach dem, was ich vermutlich nicht wirklich brauche, aber haben will.[83]

Diese Effekte treten immer dann ein, wenn ich nicht wirklich geistig gefordert bin, aber nicht in den „Ruhemodus" komme.[84] Das ist zum Beispiel an Arbeitstagen der Fall, die mich nicht komplett in Anspruch nehmen, weil ich in den Unterbrechungen ja nicht in Standby gehen darf.

Elvanse hilft mir auch hier erheblich.

Wo man das allerdings auch merkt, ist, wenn ich z einkaufen gehe. Wenn ich nicht genau aufgeschrieben habe, was ich brauche, kaufe ich hier was und da etwas, habe

---

[83] Just heute hatte ich den Impuls, neue Speicherkarten für meine Digitalkameras zu kaufen. Weil im Februar 2025 auf einer Reise mit zahlreichen Fotos rechne. Also habe ich dem Impuls nachgegeben, und größere und schnellere Speicherkarten gekauft. Obwohl die vorhandenen vermutlich ausreichen würden. Allerdings ist mir aufgefallen, dass eines meiner Speicherkarten-Lesegeräte im Vergleich zu einem anderen sehr langsam ist. Also habe ich dem Impuls nachgegeben, ein neues Lesegerät zu kaufen. Diese „brauche ich zwar nicht, möchte ich aber"-Impulskäufe können ganz schön ins Geld gehen, sag ich Euch!

[84] Ursache heute: ich bin in der Korrekturphase dieses Textes, eine recht monotone, nicht wirklich geistig fordernde, aber langwierige Tätigkeit.

Lust auf dieses und Bedarf nach jenem. Ich kaufe für viel Geld ein und stelle dann zu Hause fest, dass ich die Sachen, die ich brauche, nicht gekauft habe. Von daher sind zum Beispiel Supermärkte für mich ein einzige große Konsumfalle.

Herausfordernde Veränderungen

Der Supermarkt ist ein guter Ansatzpunkt für den nächsten Punkt: Schwierigkeiten mit nicht von mir veranlassten Veränderungen oder Neuerungen.

Ich bin ein Gewohnheitsmensch. Das klingt erst mal unspektakulär, ist aber von großer Bedeutung. Ich brauche Regelmäßigkeit und Routine in meinem Leben. Dinge, die sich verändern, vor allem wenn diese Veränderung nicht von mir veranlasst wurde, sind für mich wahnsinnig schwierig zu verarbeiten. Und auch wenn ich sie initiiert habe, dauert es eine ganze Weile, bis ich mich unter veränderten Bedingungen zurechtfinde oder gar wohl fühle.

Deswegen sitze ich immer noch am selben Schreibtisch zu Hause wie vor vielen Jahren. Sitze hier in der Beach-Bar immer am gleichen Platz.

Wenn man mich aber in den Wahnsinn treiben will, geht das ganz einfach: Räumt den Supermarkt um. Einkaufen ist für mich, wie ich im vorherigen Abschnitt geschrieben habe, eh problematisch und stressreich.

Kombiniert man das aber mit einer neuen Hürde, nämlich der nicht zu wissen, wo was ist, ist das für mich eine mittelschwere Katastrophe, die eine innere Unruhe, fast schon Panik auslöst. So gibt es z. B. zwei Supermärkte, in denen ich regelmäßig einkaufe. Der eine davon ist der
152

heimische Edeka. Der eigentlich viel zu teuer ist, aber ich weiß genau, wo was steht, und finde mich zurecht. Bis auf damals, als sie den Markt umgebaut haben. Das waren grauenvolle Wochen.

Gegenüber ist ein Penny. Deutlich günstiger aber aufgebaut wie ein Labyrinth und die Dinge, die ich suche, sind nie dort wo ich sie erwarte. Und es wird gerne mal umgeräumt. Ständig. Ich könnte sehr viel Geld sparen, wenn ich mehr dort kaufen würde als auf der anderen Straßenseite bei Edeka. Ich tue es nicht, weil die beständigen Veränderungen mir unangenehmen Stress bereiten.

Das führt auch dazu, dass ich ein Mann der Wiederholungen bin. Wenn mir etwas gefällt, möchte ich das wieder genauso haben. Das Risiko, dass etwas Neues nicht so gut wird oder gar Stress bedeutet ist mir einfach zu groß. Ich sitze in einem Hotel, in dem ich schon mal war. Weil hier alles noch so ist, wie damals. Fliege ich mal wieder nach Kanada, bin ich praktisch immer in den gleichen Gegenden, weil ich die Orte und Strecken kenne. Ein so riesiges Land und wenn ich auf die Karte schaue, habe ich kaum was gesehen außer der Orte, die man mir vor vielen Jahren gezeigt hat.

Ich meckere beständig über das Kino, in das ich gehe. Viel zu teuer, qualitativ nicht angemessen. Warum ich in kein anderes gehe? Ich kenne mich blind in dem Kino aus. Ich kenne die Prozesse, ich weiß, wo es was gibt und wie die Dinge funktionieren. Ein neues Kino zu besuchen würde Stress bedeuten.

Schwierigkeiten im Sozialverhalten

Zu meinen Anpassungsschwierigkeiten, über die Ihr gerade gelesen habt, gehören auch massive Probleme im Sozialverhalten. Ich habe extreme Schwierigkeiten in neuen sozialen Umfeldern.

Ich würde zum Beispiel nicht in einen neuen Verein eintreten, wenn ich dort nicht schon Leute kenne, die mich einführen. Ich mag es nicht, unter neue Menschen zu kommen, die mich bewerten werden, und zu wissen, dass sie mich als eigenartig wahrnehmen werden, weil ich nicht weiß, wie ich mich ihnen gegenüber verhalten kann und soll – mir fehlen die Regeln.

Über die besondere Situation Partnerinnen kennenzulernen, schrieb ich ja schon. Das ist aber nur ein Teil: Wie verhält man sich auf Hochzeiten oder Beerdigungen richtig? Wie schaffe ich es auf Partys mit anderen in Kontakt zu kommen? Wie „netzwerkt" man?

Das Ergebnis ist, dass ich soziale Kontakte weitestgehend vermeide.

Was wiederum dazu führt, dass ich meine Freunde an einer Hand abzählen kann. Freundschaften zu schließen ist schon schwer für mich, sie aktiv zu fördern ist fast unmöglich. Ich weiß nicht, wie dieses soziale Miteinander geht, habe es nie richtig gelernt und was noch schlimmer ist: Menschen sind so dynamisch, vor allem in Gruppen, dass mein regelbasiertes Ich daran scheitert.

Das geht so weit, dass von den wenigen Menschen, die ich Freunde nennen würde, die wenigsten jemand Fuß in meine Wohnung gesetzt haben. Denn waren mal welche da, fand ich das immer sehr unangenehm. Zum einen, weil sie sich menschlich verhalten haben und damit für mich nicht wirklich vorhersehbar. Vor allem, aber auch weil mein Home mein Castle ist:

Soziale Interaktionen, vor allem auch auf der Arbeit, kosten mich wahnsinnig viel Energie. Was zum Ergebnis hat, dass ich mich am liebsten zu Hause einschließe, um Ruhe zu haben und zur Ruhe zu kommen. Wäre dort jemand, wäre das kontraproduktiv. Das bedeutet aber auch, dass ich niemanden einladen kann. Wenn wir zum Beispiel mit Bekannten Bowling spielen sind, ist das für mich eine anstrengende soziale Situation. Echter Stress. Die Leute hinterher noch auf einen Kaffee zu mir nach Hause einzuladen, ist völlig undenkbar. Sie würden im Zweifel länger bleiben als mir lieb ist und ich könnte meinen Akku nicht wieder aufladen.

Das führt aber dazu, dass ich auf Menschen oft sehr abweisend wirke. Was nicht besser würde, wenn ich sagen würde „hey ich mag Dich, aber Du strengst mich an".

Gleiches gilt für Meetings auf der Arbeit: Ich verstehe die Gruppendynamik nicht und stehe daher meist etwas außen vor. Ich akzeptiere Hierarchie aber auch nicht, wenn jemand der auf der Leiter über mir steht, meiner Meinung nach Dinge sagt oder ein Verhalten zeigt, dass da für mich nicht hingehört.

Alles in allem sind soziale Interaktionen etwas, das mich auf eine Art erschöpfen kann, wie es 200km auf dem Rad oder 30km-Etappen auf dem Jakobsweg es nicht können: Nach der körperlichen Anstrengung, bei der ich für mich war, bin ich körperlich erschöpft, fühle aber eine geistige

Klarheit. Bin ich dagegen mit Menschen beschäftigt, so laugt mich das auf eine ganz eigene Art und Weise aus. Ich kann das über lange Zeiträume verstecken, brauche dann aber eine Phase der Erholung.

Daher ist beispielsweise das Kino einer der wenigen Räume, die ich mit anderen Menschen teile. Weil sie sich auf den Film und nicht auf mich konzentrieren und am besten still sind.

Blickkontakte halten

Ein Unterpunkt, der ein Problem im Sozialverhalten ist, ist das Halten von Blickkontakt. Ich weiß nicht, warum das Menschen wie mir so schwerfällt. Ich weiß nur, dass es so ist und ich Mechanismen entwickelt habe, das zu verbergen:

So kann man durchaus üben, Menschen ins Gesicht zu schauen. Man schaut ihnen dabei immer noch nicht in die Augen, aber es entsteht der Eindruck. Oder man spielt bewusst mit dem, was man deutlich wahrnimmt, zum Beispiel in dem man sich auf den Hintergrund fokussiert, in dem man knapp an den Leuten vorbeischaut.

Das alles sind nur Methoden der Vermeidung. Aus meiner Erfahrung kann ich sagen, dass Menschen in die Augen zu schauen, energieaufwändig ist. Was in Situationen, in denen ich eh sozial heillos überfordert bin, wie z. B. Vorstellungsgesprächen, schlicht zu viel sein kann. Weswegen ich früh angefangen habe, hier Coping-

Mechanismen zu entwickeln, die ich dann im Laufe der Zeit bei anderen Menschen ebenfalls gesehen habe.[85]

Emotionaler Rückhalt

Was ebenfalls Symptom meiner Schwierigkeiten im Sozialverhalten, ist, wenn Autisten wie ich nicht wissen, dass sie ein bestimmtes Verhalten an den Tag legen müssen, weil sie es ihren Mitmenschen sonst besonders schwer machen: Autisten können oft benötigten, oder erwarteten, emotionalen Rückhalt nicht bieten.

Ich möchte das an einem kleinen Beispiel verdeutlichen: In einer Beziehung wurde eine Katze sehr krank und es war klar, dass sie sterben würde. Ich bin nicht mal auf die Idee gekommen, meiner damaligen Partnerin anzubieten, mit zum Tierarzt zu fahren, der die Katze einschläfern würde, es war ja die logische Folge der Erkrankung. Ich konnte nicht absehen, wie sehr sie darunter leiden würde, unsere Katze auf diesem letzten Weg zu begleiten.

Rückblickend kann ich natürlich sagen, dass das ein grober Schnitzer war, der passierte, weil ich keine Regel für diesen Fall hatte. In dem Moment aber war für sie meine scheinbare Teilnahmslosigkeit mindestens genauso schlimm, wie die Fahrt zum Arzt selbst.

Natürlich ist das etwas, was mir noch immer nachhängt. Was ich gerne ungeschehen machen würde oder gerne besser gehandhabt hätte. Es ist aber auch ein Beispiel für zahlreiche andere Situationen, von denen ich viele mit

---

[85] Es hat immer etwas merkwürdig Beruhigendes zu wissen, oder zu glauben, dass man mit einer bestimmten Angewohnheit nicht der einzige ist.

„Warum weint sie denn jetzt?"

überschreiben könnte. Momente die mich emotional-sozial gnadenlos überfordern, weil ich nicht verstehe, warum. Und weil ich nicht weiß, wie ich mich jetzt verhalten soll.

Insofern wäre mein Plädoyer in eigener Sache, dass man Menschen wie mir das nicht vorhalten möge. Sondern das Normalos im Hinterkopf behalten, dass wir, wenn wir mit Situationen nicht vertraut sind, oft das wie, wer, was so rational bewerten, dass wir keinen emotionalen Rückhalt geben.

Das ist nicht böse gemeint.

Sensorische Überempfindlichkeit

Ich habe beschrieben, dass ich in einen Stand-By-Modus kommen kann. Dieser ist aber selten, viel regelmäßiger ist es so, dass mein Kopf ununterbrochen arbeitet. Meist kann ich nur einen Teil von mir „herunterfahren". Und das ist, ähnlich wie mein Gedächtnis, nicht wirklich steuerbar.

Im Ergebnis bedeutet das aber, dass ich auf der einen Seite praktisch immer Musik anhabe, meine Lebensgefährtin aber bitten muss, insbesondere abends, weniger mit mir zu reden.

Das klingt paradox, hat aber zwei unterschiedliche Gründe, die eng miteinander verwoben sind. Das eine ist, dass Musik mir hilft, mein eigenes Denken nicht immer im Fokus zu haben. Ich kann mich mit Musik vom Denken ablenken und das betrifft vor allem das unbewusste

158

Denken, die Kreise, die meine Gedanken ziehen. Dabei nehme ich die Musik selten bewusst wahr.

Anders ist das mit Stimmen. Ich weiß, dass man von mir erwartet, zuzuhören, wenn man mit mir redet. Diesem Anspruch versuche ich auch gerecht zu werden. Es ist nur wahnsinnig anstrengend für mich, weil Sprache ein sehr langsames Medium zur Informationsübertragung ist und mein Hirn, während ich höre, immer beschäftigt ist, die „Pausen" mit Inhalt zu füllen und ich ständig darauf achten muss, nicht auf das zu reagieren, was ich denke, gehört zu haben, sondern was ich wirklich gehört habe.

Dazu kommt, dass es offensichtlich sehr tief in mir verwurzelt ist, zuzuhören wenn Menschen sprechen. So tief, dass ich in Gruppen oder der Öffentlichkeit immer versuche alle Gespräche gleichzeitig aufzunehmen. Sprechen 2 mal 2 Leute miteinander, mag das noch gehen. Sprechen 10 mal 2 Leute miteinander, überlagert sich das alles in meinem Kopf zu einem unfassbaren Lärm, aus dem ich nur noch unter großer Mühe herausfiltern kann, was mein Gegenüber mir gerade gesagt hat. Dabei spielt es auch keine Rolle, ob es Leute am gleichen Tisch oder im gleichen Restaurant sind. Mein Hirn will sie alle verstehen. Bis es niemanden mehr versteht.

Was dahinter steckt ist eine Sensorische Überempfindlichkeit oder „Sensory Sensivity".[86] Dieser Begriff umschreibt, dass Asperger Sinneseindrücke anders, oft viel deutlicher wahrnehmen als Normalos. Und eingehende

---

[86] Vgl. Daves Buch, Seite 110

sensorische Wahrnehmungen nicht filtern oder ignorieren können.

Das können, wie in meinem Fall die beschriebenen Geräusche sein oder, was ich auch überhaupt nicht abkann, dass 50 Hertz-Flackern und Brummen von Leuchtstoffröhren. Oder in Kleidung vernähte Etiketten die Kratzen oder zum Beispiel die kleinen Haare, die nach einem Frisör-Besuch an Orte kommen, von denen man es nicht erwartet hätte und dort Irritationen hervorrufen. Es können aber auch Berührungen von Menschen sein, die man nicht erwartet hat und auf die man sich nicht eingestellt hat. Diese sensorische Empfindlichkeit führt zu Unwohlsein und kann schnell zu einem Gefühl der Überlastung führen.

Geräuschempfindlichkeit

Ich besitze mehrere Kopfhörer mit Noise-Canceling und Earplugs. Aus gutem Grund, denn ich bin sehr geräuschempfindlich. Wie ich schon erklärt habe, sind zum Beispiel Gespräche im Raum für mich wahnsinnig anstrengend.

Und jetzt stellt Euch vor, wie ich als kleiner Junge, der nichts über sich weiß, in einem lauten Flieger sitze und gleichzeitig versuche alle Gespräche zu hören und zu verstehen. Fliegen und auch Bahnfahren wurden für mich erst erträglich, als ich mein erstes Paar richtig gute Kopfhörer entdeckt habe. Damals war mir noch nicht klar, dass das an meinem Autismus liegt.

Ich habe auch nicht die Punkte miteinander verbinden können. Denn es gibt auch andere Geräusche, die mich in

den Wahnsinn treiben. Auf teilweise sehr merkwürdige
Art und Weise:

So kann ich zum Beispiel bei offenem Fenster direkt an
einem Fluss wunderbar schlafen oder wenn der Regen
auf das Fenster tropft. Aber ein tropfender Wasserhahn
macht mich wahnsinnig. Ich werde nicht schlafen können, bevor ich das Tropfen beseitigt habe. Ich liebe Kli-
maanlagen im Sommer, das Geräusch macht mich wahnsinnig. Ich liebe das Rauschen des Meeres, aber die
Atemgeräusche eines schlafenden Menschen können
mich die ganze Nacht wachhalten. Und ich schrieb bewusst von Atem, nicht mal schnarchen.

Leider ist es mir noch nie gelungen, ein System zu finden,
welche Geräusche ich mag und ertrage und welche mich
in den Wahnsinn treiben. Wieso mag mein Hirn Regen
und flippt beim Wasserhahn-Tropfen aus? Wieso irritiert
mich das Atmen eines Menschen so sehr, dass ich nicht
schlafen kann?

Auf all das ist mir die Antwort nicht bekannt. Ich war
allerdings erst in der Lage diese Geräuschempfindlichkeit, die sich halt auch aufs Reisen negativ auswirkt, als
Gesamtproblem zu erfassen, als mir klar war, dass in
meinem Kopf die Synapsen wohl anders verdrahtet sind,
als bei anderen Menschen.

Unglücklich wird das nur in der Kombination mit positiv
konnotierten Situationen: Ich gehe zum Beispiel sehr
gerne essen. Was mir immer mehr die Lust am Essen
nimmt, sind die Menschen, die ebenfalls im Restaurant
sind und die Frechheit besitzen, sich ebenfalls zu unterhalten.

Dazu das Klappern von Geschirr. Das Umherlaufen der Menschen. Das Geräusch der Gläser. Und so wird aus etwas, das ich sehr gerne mache, plötzlich eine Anstrengung, von der ich mich zu Hause erst einmal erholen muss.

Parallele Aktivitäten

Ich habe schon früh festgestellt, dass ich in der Lage bin, meine Sinne auf unterschiedliche Aktionen auszurichten, solange es praktisch eine Tätigkeit je Sinn ist. Das führt in meinem Umfeld, insbesondere auf der Arbeit, gerne zu erheblichen Irritationen.

So kann ich zum Beispiel Texte schreiben, während ich Menschen zuhöre und mit ihnen rede. Es ist spannend zu sehen, wie Menschen das oft für Unhöflichkeit halten, bis sie zu dem Ergebnis kommen, dass das etwas Magisches hat.

Die Erklärung dafür dürfte unter anderem die schon erwähnte beschränkte Bandbreite der Informationsübermittlung bei Sprache sein: Ich habe schlicht kein Problem jemandem beim Sprechen zuzuhören und, sinnvoll, zu antworten, während mein Hirn gleichzeitig meinen Fingern sagt, was sie tippen sollen. Zumal, wie ja auch schon beschreiben, ich nach dem Initialen „ich schreibe jetzt zu Thema X" erst mal nicht mehr aktiv darüber nachdenke, was ich schreibe.

So habe ich eben die Kellnerin angeschaut und gefragt, ob sie mir noch einen Kaffee bringen würde, während ich einfach weitergeschrieben habe. Sie ist das inzwischen gewohnt, glaube ich, wie meine Kolleginnen und Kollegen im Büro.

Gleiches gilt auf dem Sofa: Meine Lebensgefährtin hat sich dankenswerterweise daran gewöhnt, dass ich gleichzeitig mit ihr über ihren Tag reden und auf dem Notebook oder iPad etwas anderes machen kann.

Ich bin ihr sehr dankbar dafür, weil das eine wichtige Möglichkeit ist, ihr konzentriert zuzuhören. Denn wie ich schrieb: Würde ich mich nur auf sie konzentrieren, würde alles, was sie sagt, wie in Ultrazeitlupe wirken. Ich würde schnell anfangen, geistig abzuschalten, weil mein Hirn ja glaubt zu wissen, was sie sagen wird. Dadurch, dass sie, wie meine Kolleginnen und Kollegen, mir zugesteht in der Zeit noch etwas anderes mit meinen kognitiven Ressourcen anfangen zu können, erreicht sie tatsächlich, dass ich besser zuhöre.

Das ist auch der Grund, warum ich z. B. in Besprechungen immer mit dem Handy oder Notebook spiele. Es dürfte leicht fallen zu verstehen, wie schnell Menschen das für unhöflich halten, deswegen bin ich dazu übergegangen, dass offen zu kommunizieren: Ich kann mich besser auf eine Sache konzentrieren, wenn ich eine zweite Sache nebenbei machen kann. Und mir ist klar, wie absurd das klingt.

Koordination und Kreativität

Wie viele Autisten bin ich das, was man „tollpatschig" nennen würde. So richtig klar geworden ist mir das erst, als im Rahmen der Begutachtung die Frage danach gestellt wurde.

Ob ich öfter Dinge umwerfe (Ja), irgendwo anecke (Ja), Probleme mit komplexen Bewegungsabläufen habe (Ja).

Und tatsächlich ist es so, dass ich zwar sehr gute Reflexe habe, wenn zum Beispiel etwas runterfällt. Die aber offensichtlich das Ergebnis dessen sind, dass ich sehr tollpatschig bin. Ich werfe oft Dinge um, also musste ich lernen, sie zu fangen.

Damit einher geht aber leider auch, dass ich beim Sport massive Probleme habe. Laufen und Radfahren, Brustschwimmen und Klettersteige sind Sportarten, mit denen ich gut klarkomme – sie sind motorisch eher gleichförmig und bei Klettersteigen ist Geschwindigkeit nicht notwendig. Andere Sportarten, vor allem solche die komplexe Bewegungsmuster haben, sind mir ein Gräuel. Dazu gehört auch Tanzen. Vermutlich einer der wenigen Punkte, mit denen ich Frauen in meiner Gegenwart enttäusche: Ich kann nicht tanzen. Absolut nicht. Nicht im Entferntesten. Ich kann mir die Bewegungsabläufe nicht einprägen.

Ich kann aber auch deswegen nicht Tanzen, weil ich kein Rhythmus-Gefühl habe. Deswegen kann ich auch kein Instrument spielen. Ich bin ebenso unmusikalisch, wie ich nicht tanzen kann.

Das ist aber vermutlich gleichlaufend mit der Tatsache, dass ich auch sonst künstlerisch genau gar nichts kann. Also z. B. auch nicht Malen. Das hängt sicherlich auch damit zusammen, dass ich vollkommen unkreativ bin. Wobei das nicht immer das passende Wort ist, ich bin einfach phantasielos.

Das bedeutet nicht nur, dass es mir schwerfällt, mir irgendwas auszudenken. Was sehr schade ist, weil ich gerne ein wirklich guter Schriftsteller wäre. Viel mehr hat mich überrascht als ich gelernt habe, dass eines meiner liebsten Hobbys, Lesen, bei den Normalos dazu führt, dass Bilder in ihren Köpfen entstehen. Über die Landschaften, die beschrieben werden. Zu den Charakteren. Bei mir ist da einfach nichts. Also gar nichts. Ich lese die Worte und erfasse den Sinn – aber ich habe keine Bilder dazu.

Das alles bedeutet aber auch, dass ich weder sportlich noch künstlerisch jemals etwas erschaffen werde, was einen bleibenden Wert haben wird.

Zusammenbrüche und Explosionen

Wie ich schon in Kapitel IV beschrieben habe, kommen bei mir gelegentlich regelrechte Wutausbrüche oder innere Zusammenbrüche vor.

In der Regel befinde ich mich in einer Art emotionalen Equilibrium. Oder halt nahe der Nulllinie, wenn man es genau nimmt. Ausnahmen bestätigen die Regel und zwei der Ausnahmen sind tatsächlich für mich sehr unangenehm. Weil ich ihr Auftreten nicht steuern kann und weil ich wenig Möglichkeit habe, steuernd einzugreifen. Dabei habe ich lernen müssen, dass das nicht etwas ist, dass an mir persönlich liegt. Sondern dass es etwas ist, das Ausdruck meines Asperger ist:

Zusammenbrüche

Das Wort klingt dramatischer als es soll. Tatsächlich liege ich nicht heulend und zitternd in der Ecke. Was ich damit umschreiben will, ist vielmehr das Gefühl, alle Energie aufgebraucht zu haben. Meiner Meinung nach habe ich davon sehr viel und bin sehr belastbar, das bezieht sich aber vor allem auf die körperliche Energie.

Der Energievorrat, den man für soziale Interaktionen braucht, ist bei mir eher nicht so groß oder mein Verbrauch ist sehr hoch. Soziale Interaktionen empfinde ich als sehr anstrengend, dazu gehört das beständige Masking genauso wie die Suche und das Anwenden von Verhaltensregeln um nicht mehr als nötig aufzufallen.[87]

Ich würde gerne sagen, dass mein Energievorrat hier für den Tag reicht, aber manchmal ist selbst ein normaler Arbeitstag zu lang. Im positiven Fall brauche ich dann einen Mittagsschlaf und bin dann wieder halbwegs fit. Wenn es nicht so positiv läuft, geht einfach gar nichts mehr.

Das ist auch oft abends der Fall, wenn ich endlich Ruhe habe. Wenn mein Körper und mein Hirn das begriffen haben, fahren sie oft ziemlich schlagartig runter. Dann geht einfach gar nichts mehr. Ich bin einfach platt. Zu platt für alles, was in irgendeiner Weise eine kognitive Anstrengung braucht. Ich sitze dann manchmal nur vor mich hinstarrend da und warte, dass ich ins Bett gehen kann.

Ursache dafür ist mein Stresslevel. Der sehr viel höher ist als bei Normalos. Ermessen kann ich das gut an den Werten, die die Garmin-Smartwatches bei mir und bei meinen Bekannten ausgeben. Selbst jetzt, am Strand sitzend, Kaffee schlürfend und nur tippend überrascht mich

---

[87] Vgl. Daves Buch, Seite 218

meine Uhr mit dem Hinweis, dass der Stresspegel höher als üblich sei und empfiehlt mir eine Entspannungsübung.

Dave hat in seinem Buch das schöne Wort der Dekompression verwendet. Das habe ich gerne in meinen Sprachgebrauch übernommen, weil das, was ich als Strategie anwenden kann, um es nicht zu einem Zusammenbruch kommen zu lassen eben eine Dekompression ist. Der Tag mit all seinen bewussten und unbewussten sozialen Interaktionen erhöht immer weiter den Druck in mir und auf mich. Und irgendwann bin ich wie ein Ballon, aus dem man die Luft wieder herauslässt.

Explosionen

Von Zeit zu Zeit bin ich wie das HB-Männchen und wer das nicht kennt, kann mal im Internet danach suchen. Dann explodiere ich einfach. Manchmal ist das aufgestaut, oft aber situativ unerwartet. Aufstauen kann es sich zum Beispiel, wenn ich mit Menschen zu tun habe, die voller Überzeugung Unsinn erzählen oder von anderen Personen ein, für mich, unlogisches Handeln verlangen. Wenn sie nicht bereit sind mir zuzuhören oder auf mich zu hören.

Manchmal aber braucht es nur ein vermeintlich kleiner Anlass, der irgendwas in mir auf eine Art und Weise triggert, dass ich explodiere. Dabei kann ich auch schon mal laut werden oder Dinge sagen, die man vielleicht besser nicht sagen würde.

Explosionen haben eine kurze Vorwarnzeit. Wenn ich es schaffe sie zu erahnen, ziehe ich mich zurück und koche eine Weile vor mich hin. Wenn ich das nicht schaffe, führt das mitunter schon mal zu sehr unschönen Situationen.

Solche Explosionen hat es schon immer in meinem Leben gegeben, da bin ich sicher. Sei es, weil ich meinen Willen nicht bekommen habe, obwohl ich sicher war, dass mein Verlangen logisch gerechtfertigt oder erklärbar gewesen ist. Oder weil ich Ungerechtigkeit empfunden habe. Und mein Sinn für Gerechtigkeit ist sehr stark ausgeprägt. Vor allem, was Ungerechtigkeiten mir gegenüber angeht.

Was mir aber leider auffällt ist, dass meine Zündschnur mit zunehmendem Alter immer kürzer wird und ich immer öfter explodieren könnte. Und die Anlässe hierfür werden auch trivialer. So ist es zum Beispiel mittlerweile ein Kampf für mich, wenn ich eine Pizza bestellen möchte und der Mensch auf der anderen Seite meinen Namen und meine Adresse nicht versteht.

Im wirklichen Leben kein Problem. Am Telefon? Dieses absolut unfaire Gefühl mit jemanden zu sprechen, der mich nicht verstehen will, dieses Gefühl, das es doch bitte nicht so schwer sein kann, nur eine Pizza zu bestellen, all das ist inzwischen ein großer Faktor, warum ich lieber Apps benutze.

Denn ich weiß ja, wie unsinnig und unbegründet meine aufsteigende Wut ist.[88] Leider weiß ich aber auch, dass es sehr schnell einen Punkt gibt, an dem Logik keine Rolle mehr spielt. Die fehlende Frusttoleranz kann dabei wir Narzissmus wirken. So als wäre das, was mich

---

[88] Vgl. Daves Buch, Seite 222

wütend macht, dass sich nicht die ganze Welt um mich dreht.[89]

In meinem Fall würde ich aber eher sagen, dass es gar nicht wirklich um die Welt geht, die sich nicht an mich anpasst. Sondern meine Verärgerung darüber, dass ich Menschen nicht mitteilen kann, was ich denke, wie ich es denke und warum ich es denke. Und zwar so, dass sie es verstehen. Und wenn ich dann noch nicht einmal in der Lage bin, jemandem zu sagen, wohin er die Pizza bringen soll, macht mich das schon mal rasend.

Weil es eben der berühmte Tropfen auf dem Fass sein kann, insbesondere wenn ich z. B. auf der Arbeit das Gefühl hatte, gegen Wände zu reden, weil ich den Menschen um mich herum nicht klar machen konnte, was ich klar machen wollte.

Gedankenblindheit

Dave beschreibt sich selbst so, dass er gut für sich, und das, was er macht, werben kann.[90] Das ist absolut keine Stärke von mir. Ich kann dafür sehr gut verkaufen. Das wird Thema, wenn er über Gedankenblindheit, also Mindblindness[91] spricht. Einem Phänomen, dass ich nur zu gut kenne.

Dabei geht es darum, dass Autisten, insbesondere Asperger, nichts im Gesicht anderer Menschen lesen können. Insbesondere keine Emotionen.

---

[89] Vgl. Daves Buch, Seite 223
[90] Vgl. Daves Buch, Seite 57
[91] Siehe https://en.wikipedia.org/wiki/Mind-blindness

Ich beschrieb das schon beim Autismus-Test in Kapitel II, bei dem ich nicht mal in die Nähe des statistischen Mittels gekommen bin, was bedeutet, dass ich nicht nur Probleme habe überhaupt zu erkennen, was ein Mensch denkt oder fühlt, wenn er kein Schild hochhält. Sondern dass ich das auch noch „bewusst" falsch verstehe.

Das Bewusst steht in Anführungszeichen, weil es nicht so ist, dass ich jemanden falsch verstehen will, sondern der Versuch, jemanden zu verstehen, endet praktisch zwangsläufig in einem Missverständnis.

Das führt dazu, dass ich auch nicht realisiere, ob mich jemand mag oder nicht. Eine meiner Erinnerungen ist an ein Mädchen, dass mich wohl sehr mochte und das zum Ausdruck bringen wollte. Und auch wenn das lange her ist, ich erinnere mich noch an den Tag als mir klar wurde, dass sie mich vermutlich mochte und mich das wissen lassen wollte. Das war kurz danach, so 10 bis 15 Jahre später.

Ich verstehe auch Emotionen wie Trauer nicht, bzw. verhalte mich oft falsch den Menschen gegenüber, die sie erleben. Ob ich darüber nachdenke, dass ich ein Idiot war, als ich einer Freundin nicht angeboten habe, mit zum Tierarzt zu fahren, als ihr liebstes Haustier eingeschläfert wurde? Natürlich. Nur dass das Nachdenken halt zu spät stattfindet.

Oder ob ich darüber nachdenke, dass meine Reaktion auf den erwartbaren Tod einer Person, die einer Freundin sehr nahestand, wohl als sehr kalt empfunden werden musste und ich mit Sicherheit nicht erkannt habe, dass mein Gegenüber Zuspruch und Trost brauchte.

170

Unglücklicherweise wird mir sowas halt immer erst Jahre später bewusst, und ebenso unglücklich ist das Menschen in solchen Phasen bestimmt nicht im Sinn haben, für mich ihre Emotionen auch noch in Worte zu packen. Und es ist sehr wahrscheinlich, dass, wenn ich keine Regel definieren kann, ich auf eine ähnliche Situation in Zukunft noch einmal nicht richtig reagiere.

Insofern ist es erstaunlich und für mich auch nicht unmittelbar nachvollziehbar, warum ich gleichzeitig sehr oft wohl sehr überzeugend auftrete. Eine Erklärung könnte im Zeitablauf liegen:

Viele Menschen haben am Anfang, wenn wir uns kennenlernen, eine sehr hohe Meinung von mir. Ich wirke eloquent, charmant und intelligent. Ergebnis sehr langen Trainings.

Im Laufe der Zeit ändert sich aber die Meinung über mich, manchmal sogar so stark, dass sie mich richtiggehend ablehnen.

Meine Arbeitshypothese ist, dass ich mit meinen Masken und Regeln nach Außen den Eindruck eines Normalos erwecke und das sogar mehr oder weniger positiv. Dass aber dann, wenn man mich näher kennen lernt, meine Maske bröckelt und meine Fassade Risse bekommt. Dass man also mehr und mehr erkennt, wie roboterhaft ich bin und wie wenig ich mit Emotionen anderer Menschen umgehen kann.

Und vor allem wie wenig ich sie verstehe.

Deswegen war ich auch die wenigen Male, die eine Beziehung nicht von mir aus beendet wurde, vollkommen überrascht. Denn mir war gar nicht klar, wie ich auf mein Gegenüber gewirkt habe. Mir war aber, das soll bitte keine Entschuldigung sein, auch nicht klar, wie sehr ich Menschen verletzte, wenn ich sie z. B. sexuell hintergehe. Und das funktioniert auch andersherum, wenn ich mich von jemandem trenne, die bis dahin dachte, dass alles bestens ist.

Weil ich keine Regeln hatte, um Probleme zu thematisieren oder nicht wusste, dass es für mich echte Probleme sind.

Das alles fasse ich unter „Mindblindness" zusammen. Weil es eben zeigt, dass Autismus im sozialen Kontext nicht nur zu erheblichen Anstrengungen auf Seite der Betroffenen führt. Sondern dass die damit verbundenen, oft emotionalen, Beschränkungen auch Partnerschaften und Kooperationen nachhaltig schädigen können.

Über-Erklären

Eine Eigenschaft, die wohl bezeichnend für Autisten mit dem Asperger-Syndrom sein dürften, ist das Over-Explaining, also das Über-Erklären. Umso erstaunlicher, dass ich nach knapp 200 Seiten Erklärens erst dazu komme, darüber zu schreiben, warum ich immer alles erkläre.

Der Hintergrund dürfte sein, dass wir Autisten unser Leben lang das Gefühl haben, eine andere Sprache zu sprechen als die Menschen um uns herum. Selbst dann, wenn wir uns zum Beispiel auf „Deutsch" als Grundlage geeinigt haben.

Gefördert wird das vermutlich zusätzlich dadurch, dass wir sehr schnell und sehr viel denken und Sprache als ein langsames Medium zum Informationsaustausch verstehen. Dabei ist es doch wichtig, warum ein Gedanken ausgeprägt wurde. Und das muss auch irgendwie übermittelt werden.

Das Über-Erklären ist also der Wunsch, der Welt zwei Dinge mitzugeben:

1) Was wir wirklich sagen wollen, weil wir immer das Gefühl haben, gegen eine Wand zu reden oder nicht verstanden zu werden.

2) Warum wir sagen, was wir sagen, weil wir immer das Gefühl haben, dass zu Fakt A eben noch die Informationen B und C gehören und warum wir, davon ausgehend, in welchem Gedankenprozess schließlich bei A gelandet sind.

Das ist vermutlich umso schwerer zu verstehen, wenn man zum Beispiel mich kennt. Und weiß, dass ich schnell die Geduld verliere, wenn jemand mit mir redet, aber nicht schnell und direkt auf den Kern seiner Botschaft kommt, sondern mir noch links und rechts davon Informationen mitgeben will.

Aus Sicht eines Asperger ist das aber kein Widerspruch, sondern völlig normal: Ich kann mir denken, was Ihr Euch denkt, ich brauche nicht den Weg, ich will nur das Ergebnis. Ihr dagegen habt keine Ahnung, wie ich denke, daher kann ich Euch nicht nur das Ergebnis mitteilen, sondern muss Euch auch die Herleitung präsentieren.

Mir ist klar, dass sich das widersprüchlich anhört. Und es ist vermutlich auch ein Widerspruch. Allerdings ist es so, dass Asperger dazu neigen, viel mehr ins Detail zu denken und vor allem bei Themen, die uns interessieren, wie z. B. bei mir die Computer, ihre Mitmenschen mitnehmen wollen in eine für sie faszinierende Welt. Das Ergebnis ist eine Dialog-Asymmetrie, in der ich Euch mit unnützen Zusatzfakten langweile und Ihr mit Ausschweifungen meine Geduld auf die Probe stellt.

Daher ist in vielen Fällen für Menschen wie mich die schriftliche Kommunikation sehr viel besser als die Mündliche. Zum einen ist sie asynchron, das heißt ich kann etwas lesen und verarbeiten, wenn ich es für richtig halte und muss nicht wie bei einem synchronen Gespräch zu einem fremdbestimmten Zeitpunkt meine Ressourcen dafür aufwenden.

Zum zweiten lässt sie zu, kurz und knapp Fakten zu präsentieren, was man heute im Internet mit „TL;DR>"[92] bezeichnet, um dann Zusatzwissen anbringen zu können, bei dem die empfangende Person entscheidet, wie und wann sie diese aufnehmen und verarbeiten will.

Was mit dem Over-Explaining oft einhergeht ist etwa, das Dave in seinem Buch „Rapid Speech" genannt hat, also „Schnellstes Reden": [93]

---

[92] TL;DR> steht für „Too long; didn't read", also „zu lang, hab's nicht gelesen". Nach dem Prompt Zeichen „>" folgt eine kurze Zusammenfassung dessen, was in dem Eigentlichen, langen, Text steht. Ein TL; DR vermittelt dabei alle notwendigen Fakten, der Text kann dann nach Belieben ausschmücken.
[93] Vgl. Daves Buch, Seite 95

Ich weiß, dass ich nicht viel Zeit habe, Euch zu erklären, was ich denke Euch sagen zu müssen. Wenn ich also nicht ganz genau aufpasse, fange ich an furchtbar schnell zu reden, um mit der langsamen Sprache die vielen Informationen, die ich mitteilen möchte, in der wenigen Zeit unterzubringen. Ich vergleiche das immer mit Laufen und Radfahren: Laufen langweilt mich schnell, weil ich nicht vorankomme. Fahre ich mit dem Rad ändert sich ständig die Landschaft und ich mache Strecke. Reden ist für mich das Laufen der Informationsübertragung: Einfach viel zu langsam.

Der Dunning-Kruger Impostor

Eine, wie ich glaube, exklusiv für Asperger vorhandene Besonderheit ist, dass wir zwei eher wenig schöne Charakterzüge miteinander verbinden. Möglicherweise ist der Eindruck von Dunning-Kruger auch Ausdruck der Intensität des Impostor-Phänomens, ich glaube aber, dass die Grenze hier fließend ist.

Impostor-Phänomen

Beim Impostor-Phänomen oder Hochstapler-Phänomen ist es so, dass Menschen glauben, dass sie sich selbst beständig überschätzen und dass sie gar nicht klug sind oder in der Lage bestimmte Aufgaben zu erfüllen.[94] Und dass jeden Augenblick jemand erkennen wird, dass sie Intelligenz und Fähigkeiten nur vortäuschen, dass man sie damit bloßstellen wird.

---

[94] Vgl. https://de.wikipedia.org/wiki/Hochstapler-Syndrom

Bei mir ist das mit Sicherheit ein Ergebnis meiner Kindheit, also Erziehung und Schule. Ich habe zu lange gehört, dass ich dumm und faul bin und das so internalisiert, dass ich massive Selbstzweifel habe.

Das dürfte bei sehr vielen Asperger der Fall sein, bei denen nicht als Kind schon eine Diagnose stattfand. Denn dadurch, dass sie von der Gesellschaft missverstanden wurden, und vor allem wahrgenommen wurde, was sie nicht können oder wo sie anders sind, fehlt ihnen das positive Feedback, das man braucht, um ein gesundes Selbstbewusstsein aufzubauen.

Das ist immer dann ein Problem, wenn man mich zum Beispiel fragt, was ich wirklich gut kann. Eigentlich nichts. Was nicht stimmt, ich denke nur immer, dass es Menschen gibt, die all das noch viel besser können. Und ich weigere mich zu akzeptieren, dass ich etwas vielleicht sogar sehr gut kann. Denn das kann und darf ja nicht sein. Ich bin der dumme Junge.

Allerdings geht Asperger-Autismus auch immer mit einer gewissen zweigeteilten Persönlichkeit, einher und auch wenn ich meist glaube, nicht gut zu sein und dass das jeden Augenblick auffallen müsste, gibt es genauso den gegenteiligen Effekt.

Der Dunning-Kruger-Effekt

Grundsätzlich halte ich es für ein Zeichen von (meiner) Intelligenz zu wissen, was ich alles nicht weiß.

Und selbst wenn ich etwas weiß, tritt oft das Impostor-Syndrom in den Vordergrund und ich relativiere das

176

Wissen vor mir selbst. Das ist aber nicht immer so, manchmal tritt auch das Gegenteil ein.

Der Dunning-Kruger-Effekt beschreibt, stark vereinfacht, die Tendenz dazu, sich selbst maßlos zu überschätzen und gar nicht zu erkennen, wie wenig Ahnung man zu einem bestimmten Thema hat. [95]

Bei mir ist das oft der Fall, wenn ich zu etwas gefragt werde, über das ich noch nie nachgedacht habe: Ich liefere eine sinnvoll klingende Antwort, die aber vollkommen falsch sein kann.

Das Problem ist das berühmte und schon genannte

> „wie kann ich wissen, was ich denke, bevor ich höre, was ich sage“,

in Kombination mit:

> „sicheres Auftreten bei völliger Ahnungslosigkeit“.

Ich habe manchmal das Gefühl, dass ich besonders überzeugend über Dinge reden kann, von denen ich keine Ahnung habe.

Der Grund dafür dürfte sein, dass ich bei Sachverhalten mit wenig Ahnung weniger Angst habe, dass jemand erkennt, dass ich Ahnung vortäusche. Denn ich weiß ja, dass ich keine Ahnung habe. Das so zu schreiben, macht mir klar, wie paradox sich das lesen muss.

---

[95] Vgl. https://de.wikipedia.org/wiki/Dunning-Kruger-Effekt

Tatsache ist aber, dass ich in viel zu vielen Fällen gar nicht auf die Idee komme zu sagen:

„Entschuldigung, das weiß ich nicht",

weil ich ja glaube, es zu wissen. Ein markantes Beispiel dafür ist, wie überzeugend ich lange Zeit vertreten habe, dass viele Niederländer*innen keine Gardinen haben, weil es eine Gardinen-Steuer gibt, die darauf zurückzuführen ist, dass mal ein Herrscher in die Wohnungen schauen können wollte.

Das Ganze ist eine Urbane Legende, die ich so überzeugend vertreten habe, dass nie jemand auch nur den Hauch eines Zweifels hatte. [96] Bis auf meine Lebensgefährtin, bei der ich von Anfang an darauf gedrängt habe, dass sie praktisch alles hinterfragen soll, was ich behaupte. Hat sie gemacht.

Zumindest über die Gardinensteuer rede ich nicht mehr.

Energiehaushalt

Ich glaube, dass Autisten einen anderen Energieverbrauch haben als andere Menschen. Und in der Folge auch andere Methoden zum „Aufladen des Akkus" benötigen.

Ich stelle an mir selbst fest, dass soziale Interaktion viel mehr Energie brauchen als z. B. intensiver Sport. Und dass ich am besten Energie tanken kann, wenn ich mich aus dem Sozialleben zurückziehe. [97]

---

[96] Vgl. https://de.wikipedia.org/wiki/Gardinensteuer
[97] Vgl. Daves Buch, Seite 210

Das gilt auch, wenn sich Pläne ändern: Sich auf neue Gegebenheiten einzustellen, umzuplanen oder gar „spontan" zu sein, ist ein riesiger Energieverbrauch.[98]

Diese Abweichung im Energiehaushalt muss man vielleicht im Umgang mit Autisten ganz besonders im Auge behalten. So kann ich z. B. 10 Stunden am Stück an einem Text schreiben, ohne dass mich das besonders auslaugt. Eine Stunde intensiven Zuhörens aber macht mich unter Umständen völlig fertig.

Von daher ist es meiner Meinung nach sehr wichtig, Menschen immer wieder zu fragen, wie es um ihren Akku bestellt ist. Nicht nur Neurodivergente, sondern auch Normalos und nicht nur der „körperliche Akku", sondern eben auch der „emotional-soziale Akku".

---

[98] Vgl. Daves Buch, Seite 208

Kapitel VIII – Warum wir mehr Autisten brauchen

Die, und ich liebe dieses sprachliche Oxymoron, Unterüberschrift dieses Buches ist, dass wir mehr Autisten brauchen. Damit meine ich primär Menschen wie mich. Und alle anderen. Dafür mache ich zwei Gründe aus:

Toleranz

Wenn wir als Gesellschaft toleranter werden wollen und wenn wir lernen wollen, Neurodiverse in unserer Mitte zu integrieren, müssen wir uns darüber klar werden, dass es mehr Andere gibt als Gleiche. Das gilt insbesondere für Menschen, die anders denken, als die Gesellschaft es irgendwann mal als „normal" definiert hat.

Asperger haben auf Grund ihres geringen EQ erhebliche Nachteile in einer Gesellschaft, die einen Menschen weitgehend nach seiner Sozial-Kompetenz beurteilt. Das wiederum führt dazu, dass die Gesellschaft die Vorteile aus dem oft erheblichen IQ sich gar nicht zu Nutzen machen kann.

Wenn wir aber lernen, sei es auch nur weil wir gezwungen werden es zu lernen, dass Menschen mit Asperger-Autismus einen viel höheren gesellschaftlichen Nutzen haben, als wir ihnen zutrauen, weil wir sie so anders finden, können wir daran nur wachsen und damit gewinnen.

Denn schließlich ist eines der Leitmotive Deutschlands, Land der Dichter und Denker sein zu wollen. Dichten mag nicht mehr so im Fokus stehen wie ehedem. Aber wäre es nicht gut, wenn wir alle wieder mehr denken würden? Und wenn wir doch Menschen in unserer Mitte haben, die wie Asperger ohnehin nicht aufhören zu können zu denken, wäre es nicht sinnvoll, dieses Potenzial zu nutzen?

Berechenbarkeit

Asperger-Autisten haben aber noch einen ganz anderen Vorteil, der oft nicht als solcher erkannt wird. Ihr Denken folgt Regeln und einer innewohnenden Logik.

Das bedeutet, dass ihre Schlussfolgerungen weniger von Emotionen geprägt sind und auch weniger von der Tagesform.

Das versetzt uns Asperger in die hervorragende Lage, Entscheidungen zu treffen. Zwar werden viele wie ich Angst haben, zu inkompetent für Entscheidungen zu sein. Auf der anderen Seite steht aber, dass wir in der Regel faktenbasiert und eher nüchtern entscheiden und dazu tendieren, die Optionen zu wählen, die in der Summe den höchsten Nutzen erzeugt.

Das macht uns auch zu so guten Politikern. Wir sind nicht gut darin, den Menschen im Wahlkampf zu erzählen, was sie hören wollen. Wir sind sogar gehandicapt, weil wir viel zu ehrlich sind.

Die Entscheidungen die Asperger als Politiker aber treffen, sind in einem viel geringeren Maß von Emotionen oder persönlichen Vorlieben geprägt. Wenn wir den Auftrag haben, Entscheidungen zum Wohl einer Gesellschaft zu treffen, machen wir das auch.

Auch schon deswegen, weil wir uns weniger aus Geld und Status machen als Normalos. Für Menschen wie mich ist es vielbedeutender zu sagen, dass ich Recht hatte, als mich mit Gold und Schmuck zu behängen. Dazu gehört auch, dass Asperger eine intrinsische Veranlagung dazu haben, ihr Leben lang Neues zu lernen und das Wissen zu vergrößern.

Was zu einem weiteren Punkt führt:

Eine große Gemeinsamkeit von Wissenschaft und Asperger ist, dass Wissen so lange als richtig angesehen wird, bis das Gegenteil bewiesen ist. Asperger haben in Unternehmen und der Politik viel weniger Probleme, Entscheidungen zu revidieren. Natürlich steht das im Widerspruch zum Wunsch, Recht gehabt zu haben und dem Bemühen die eigene Ansicht zu vertreten. Meiner Erfahrung nach lassen sich Autisten dennoch wesentlich besser davon überzeugen, Unrecht gehabt zu haben und Entscheidungen neu denken zu müssen, als andere Menschen. Weil die Gier nach neuem Wissen schlicht größer ist, als das Verlangen danach Recht gehabt zu haben.

Kapitel IX – Umgang mit Autisten

Eigentlich würde ich gerne schreiben, dass man uns und damit mich doch bitte einfach wie einen völlig normalen Menschen behandeln sollte. Das ist nur leider Unsinn, denn wir sind nicht normal. Normal ist immer vom eigenen Standpunkt abhängig und das passt einfach nicht.

Was den Umgang mit Autisten deutlich vereinfacht ist, wenn man die Fähigkeit entwickeln könnte, tatsächlich toleranter zu sein. Denn der überwiegende Teil von Konflikten, mit denen ich zu tun hatte, waren soziale Konflikte, die entstanden, weil man von mir ein „normales" Verhalten erwartete und mich nach meinem „sonderbaren" Verhalten beurteilte.

Da man als Normalo nicht weiß, wann man einem Asperger gegenübersitzt, ist daher die Frage im Raum, ob wir das offen kommunizieren sollten. Meine Meinung dazu ist überraschend eindeutig: Ja.

Denn seit meinem letzten Jobwechsel und in meinem Nebenjob mache ich genau das. Ich erkläre, mal mehr und mal weniger deutlich, dass ich behindert bin, Asperger-Autist, und versuche, den Leuten ein Grundgerüst an Regeln mitzugeben, um mit meinen Regeln klarzukommen. Dazu gehört zum Beispiel der Hinweis, dass ich von Zeit zu Zeit Ruhe brauche, um mich von sozialen Interaktionen zu erholen. Dass ich emotional oft anders reagieren werde, als man das erwartet und vor allem auch, dass mein tiefschwarzer und zynischer Humor ein Coping-Mechanismus ist, nicht verrückt zu werden. Menschen di das ernst nehmen und sich darauf einstellen können, helfen mir unheimlich im Alltag.

Wenn Menschen hören und wissen, dass ich anders bin, bedeutet gleichzeitig nicht, dass sofort alles gut ist. Aber in meinen Erfahrungen hilft es, in Kombination mit gelegentlichen Hinweisen, viele Situationen zu entschärfen bevor daraus Konflikte entstehen.

Für mich bedeutete das auch zu versuchen, weniger direkt zu sagen, was ich denke. Was sehr, sehr schwierig ist, weil ich das oft im Vorfeld gar nicht steuern kann. Es hilft aber dann öfter mal eine Pause zu machen und zu fragen, wie das aufgefasst wurde, was ich gesagt habe, um es vielleicht noch mal zu erklären.

Was auch sehr wichtig ist, ist zu erklären wie Elvanse wirkt. Auch wenn man es leicht vergessen könnte oder vergessen möchte, gehören solche Psychopharmaka ja zu den Medikamenten, die die Stimmung eines Menschen erheblich verändern. Oft in einem Ausmaß, dass man selbst so gar nicht wahrnimmt. Vorher darüber zu sprechen und ein ehrliches Feedback einzufordern, erlaubt beiden Seiten dann, sich damit auseinander zu setzen und auch, zu lernen damit umzugehen.

Eine weitere Schwierigkeit im Umgang mit Autisten ist, dass wir oft nicht in der Lage sind, Normalos nach anderen Maßstäben zu messen, als wir sie bei uns anlegen. Dave hat dafür den schönen Vergleich gebracht, dass man niemals böse Absicht annehmen sollte, wo es einfach Inkompetenz sein kann.[99]

Das klingt jetzt eigenartig, ich kann es aber aus meinem Arbeitsleben versuchen zu erklären. Stellen wir uns vor,

---

[99] Vgl. Daves Buch, Seite 224

184

dass ich als notorischer Besserwisser, der es wirklich besser weiß, mit einer Führungskraft zu tun habe, die eigene Ziele hat und in meinem Arbeitsumfeld und Themengebiet tatsächlich deutlich weniger kompetent ist, als ich es bin.

Dann laufe ich sehr schnell Gefahr, Ablehnung oder eine von meiner Meinung abweichende Überzeugung persönlich zu nehmen. Richtig wäre zu überlegen, ob mein Gegenüber in der Lage, ist mir zu folgen und zu erkennen, dass ich Recht habe oder mit mir darüber zu sprechen.

Eine inkompetente Person weiß aber oftmals nicht, dass sie inkompetent ist, während es Menschen wir mir schwer fällt daran zu denken, dass es Menschen gibt, die anders oder weniger denken.

Der Unterschied ist nur, dass ich auf Menschen, von denen ich glaube, dass sie mir etwas Böses wollen, natürlich vollkommen anders reagiere als auf Menschen, die nicht verstehen, was ich sage.

Abhilfe schafft hier nur aktive Kommunikation im Vorfeld. Ich muss erklären, dass ich anders denke und anders spreche. Mein Gegenüber muss sich aber auch darüber im Klaren sein, dass es eigentlich nichts Persönliches ist, wenn ich aggressiver oder dominanter werde. Sondern dass ich mich in einer Falle befinde, in der mir mein Gehirn eine Situation anders darstellt, als von meinem Gegenüber beabsichtigt. Mein Part ist sagen zu müssen, dass ich darum bitte, im Zweifel noch mal einen Schritt zurückzumachen. Der Part meines Gegenübers ist es dann, in solchen Situationen früher als ich zu erkennen, dass wir einen Schritt zurück machen müssen.

Im Klartext fordere ich vermutlich zu akzeptieren, dass Aspergern ein großer Rechthaber innewohnt und dass man auf diesen bitte Rücksicht nehmen möge. Man muss diesen Rechthaber nicht gut finden, aber er ist nun mal da. Und es braucht ein gewisses Fingerspitzengefühl, damit umzugehen. Ich verweise auf die Gardinen im vorherigen Kapitel.

Tatsächlich weiß ich aber keine Alternative, weil solche emotionalen und sozialen Konfliktsituationen immer eskalieren, ohne dass ich überhaupt merke, in einer Konfliktsituation zu sein. Siehe Mindblindness weiter oben.

Epilog

Einen Großteil dieses Buches habe ich in einer Strandbar auf Kreta, im unglaublich guten Hotel „Daios Cove" geschrieben, während meine Lebensgefährtin in Sichtweite in der Sonne lag und gelesen hat und das Personal einen ständigen Fluss an Kaffee sichergestellt hat.

Während ich geschrieben habe, sind mir drei Dinge mehr und mehr klar geworden.

Glück im Unglück

Ich habe in meinem Erwachsenwerden viel Glück im Unglück gehabt, was dazu führt, dass ich heute hier sitzen kann und diese Worte tippe. Dass ich mir meiner Intelligenz und meines Könnens bewusst bin, wie meiner Grenzen. Dass ich in der LWL-Klinik und bei meinem Psychiater Menschen gefunden habe, die mir helfen konnten, mich zu verstehen. Das alles ist für Menschen in meinem Alter nicht selbstverständlich.

Gelegentlich höre ich, dass heute Autismus, insbesondere auch Asperger, eine „Modekrankheit" sei. Das ist genauso quatsch wie die Behauptung, es gäbe heute auf einmal ganz viele Menschen, die mit dem bei der Geburt zugewiesenen Geschlecht nicht zurechtkommen. Beides ist Ausdruck davon, dass unsere Gesellschaft, bei all der angeblichen Aufgeklärtheit, sehr stark darauf bedacht ist, Menschen möglichst gleichförmig wahrnehmen zu wollen und Individualität nur am Rande zu akzeptieren. Heute wissen wir, dass man nicht einfach sagen kann, das ist ein Junge und das ein Mädchen und heute wissen wir, dass manchmal die Menschen am dümmsten wirken, die sehr intelligent sind. Weil wir ihre Intelligenz nicht verstehen.

Mein Glück ist, dass ich bei meinen Großeltern einen zweiten Ort hatte, an dem ich mich entwickeln konnte und ich altersmäßig recht nah an meiner jüngsten Tante bin, der ersten Akademikerin unter den Kindern meiner Großeltern. Und dass man früh meine Faszination für Computer erkannt hat und unterstützen konnte.

Privilegierter alter weißer Mann

Der zweite Faktor ist aber, dass ich ein unfassbar privilegiertes Leben führe. Ich bin Beamter und Politiker und muss mir niemals Sorgen um meinen Job oder meine Rente machen. Ich verdiene so viel, dass ich mich zum Arbeiten in ein 5-Sterne-Hotel zurückziehen kann. Ich habe nie Rassismus erlebt und auch bei der noch immer viel zu starken gesellschaftlichen Rollenverteilung zwischen Mann und Frau komme ich gut weg.

Jede Interaktion mit der Gesellschaft, die ich habe, ist davon geprägt, und das führt dazu, dass man mir vieles nachsieht, was man bei anderen Menschen viel strenger bewerten würde und dass ich mir auch mehr Besonderheiten erlauben kann als andere Menschen.

Fair ist das nicht, aber das ganze Leben ist nicht fair.

Ich kann mich auch nicht dafür schämen, das Glück zu haben, als weißer Mann in der westlichen Welt geboren worden zu sein.

Das hier zu schreiben hat mich aber immer wieder darüber nachdenken lassen, wie mein Leben verlaufen wäre,

wäre ich nicht so privilegiert. Was im Ergebnis mit dem vorherigen Punkt dazu führt, dass ich glaube, dass wir noch viel an unserer Toleranz als Gesellschaft arbeiten müssen, und dass wir viele Hürden nicht sehen, wenn sie uns selbst nicht im Weg stehen.

Man hat mich nicht umgebracht

Das mag eine komische Überschrift sein. Aber während ich hier bin und schreibe, passieren zwei Dinge:

- Die europäischen Nationen und auch die USA erleben einen politischen Rechtsdrall.
- Immer mehr dumme Menschen glauben wieder, dass Faschismus eine gute Sache wäre und dass sie den besseren Teil der Menschheit abbilden.

Das macht mich schon wütend, weil es einfach Ausdruck von Dummheit ist und ich sauer werde, wie die Menschen einer Führerperson hinterherlaufen, sich jeden noch so dämlichen Unsinn erzählen lassen.

Wenn ich nicht schreibe, lese ich aber. Aktuell war es von Laura Baldini das Buch „Aspergers Schüler".

Ganz am Anfang schrieb ich, dass man „Asperger" nicht mehr sagt. Das liegt vor allem daran, dass der Namensgeber im Dritten Reich mit sogenannten „Autistischen Psychopathen" gearbeitet hat und dort auf Autisten traf, die mein Störungsbild hatten. Neben der Frage, ob es opportun ist, 2024 eine Behinderung nach einem Arzt aus der NS-Zeit zu benennen, muss noch etwas anderes stehen:

Ebenso wie ich unfassbares Glück habe, ein vergleichsweiser wohlhabender weißer Mann zu sein, habe ich das wahnsinnige Glück, erst jetzt zu leben.

Denn auch wenn man in meiner Kindheit Asperger-Autisten wie mir nicht wirklich „helfen" konnte, weil man uns gar nicht verstanden hat, wäre ich einige Jahrzehnte zuvor und bei einer möglicherweise anders verlaufenden Wachstumsphase in ein Heim für Autistische Psychopathen gekommen. Und mit einer gewissen Wahrscheinlichkeit dort oder später in einem KZ getötet worden.

Erinnert Ihr Euch, dass ich schrieb, dass ich über die Rolle meiner Großeltern im 2. Weltkrieg nichts weiß, weil das bei uns kein Thema war? Könnt Ihr Euch vorstellen, was das für ein Gefühl ist, in der Kombination von Lesen und Schreiben zu realisieren, dass all die Privilegien, die ich heute habe, damals vielleicht nicht ausgereicht hätten zu verhindern, dass ich getötet werde?

Und vielleicht sollte uns genau das ein warnendes Zeichen sein: Es tauchen nicht „plötzlich" immer mehr Asperger auf. Die waren schon immer da, wir haben sie nur nicht erkannt. Und wenn wir uns damit rühmen, wie tolerant wir heute gegenüber behinderten Menschen sind und wie inklusiv wir doch sind, sollten wir uns vielleicht klar machen, wo wir herkommen.

Daher möchte ich dieses Buch auch mit zwei etwas ungewöhnlichen letzten Sätzen beenden:

Geht wählen und wählt mit Bedacht.

Mein Leben könnte davon abhängen.

Kurzes Danke

Normalerweise enden Bücher immer mit einer Litanei all der Menschen, denen man zu danken habe und denen man danken will. Warum auch immer, im Zweifel dafür, dass man gezeugt wurde.

Ich würde mich an der Stelle auf zwei Menschen beschränken wollen:

Melina, ohne die dieses Buch nie entstanden wäre. Die mich dazu gebracht hat, es zu schreiben, und den Weg der Entstehung kritisch und lobend begleitet hat. Ohne sie wäre das hier ein Gedanken geblieben.

Nicole, ohne die dieses Buch ebenfalls nie entstanden wäre. Hätte sie mir damals nicht diese verhängnisvollen Tests geschickt und mich freundschaftlich gedrängt, nach Dortmund zu fahren.

Voerde am Niederrhein, Januar 2025